AF459203

LA

CRÉANCE JECKER

LES INDEMNITÉS FRANÇAISES

ET

LES EMPRUNTS MEXICAINS

LA

CRÉANCE JECKER

LES INDEMNITÉS FRANÇAISES

ET

LES EMPRUNTS MEXICAINS

PAR

Le Cte E. DE KÉRATRY

PARIS

LIBRAIRIE INTERNATIONALE

15, BOULEVARD MONTMARTRE

A. LACROIX, VERBOECKHOVEN ET Cie, LIBRAIRES-ÉDITEURS

A Bruxelles, à Leipzig et à Livourne

1868

1867

LA

CRÉANCE JECKER

LES INDEMNITÉS FRANÇAISES

ET LES EMPRUNTS MEXICAINS

INTERVENTION FRANÇAISE AU MEXIQUE

1861-1867

PREMIÈRE PARTIE

Le 7 février 1863, M. Billault, ministre sans portefeuille, luttant avec toute son éloquence contre les résistances d'une prévoyante opposition, laissait tomber avec indignation ces paroles du banc gouvernemental :

« On a cherché à répandre des couleurs désastreuses sur les motifs de l'expédition au Mexique : on a voulu réduire aux intérêts d'une créance prétendue véreuse le mobile de la politique française. J'avoue que j'aurais préféré ne pas discuter en ce moment une pareille question. Mais l'honneur est en jeu, et je vais examiner si cette créance Jecker a eu quelque influence sur la marche des événements. L'opposition n'a vu que deux choses dans la guerre du Mexique : le trône de l'archiduc Maximilien *qui n'y était pas*, et la créance Jecker *qui n'y est pas davantage*. Quand on a eu à formuler un ultimatum, on a examiné les créances sérieuses, et on a fait le total des réclamations respectables. »

Nous croyons avoir suffisamment démontré, à l'aide de documents incontestés, que le trône de l'archiduc Maximilien avait été créé spontanément par l'Empereur Napoléon, qui s'était laissé séduire par l'idée d'opposer la race latine aux Anglo-Saxons envahissants, ou plutôt de tenir en échec le système républicain dans les Amériques par un établissement européen. Nous allons prouver aujourd'hui, qu'en dessous des marches du trône français, la créance Jecker, d'origine douteuse, a exercé son influence sur l'atmosphère des régions gouvernementales; que cette créance, une fois la religion du gouvernement surprise, a pesé, grâce à des attractions mystérieuses, de tout son poids dans la balance des destinées du Mexique et de la France ; qu'en un mot, cette déplorable spéculation a directement agi, jusqu'à la dernière heure, sur les personnages du drame mexicain. De plus, de l'examen approfondi des faits il ressortira : 1° que lorsque la France a formulé son ultimatum au président Juarez, les créances des indemnitaires français, grossies du compte Jecker, ont été entachées d'une telle exagération, que c'eût été une déchéance morale pour la république mexicaine que d'accéder à des réclamations indignes de notre renom en Europe ; 2° que de la créance Jecker est issue en ligne droite, par l'enchaînement des faits, la ruine de tous ceux de nos concitoyens qui se sont éperdument associés aux emprunts mexicains. Du mémorable discours de M. Billault, il ne restera donc rien que l'écho lointain d'une grande éloquence, devenue funeste au pays le jour même où le premier orateur du second Empire a enlevé un vote de confiance à une majorité trop crédule !

Après avoir étudié le côté politique de l'intervention française au Mexique, il nous restait à envisager celle-ci au point de vue financier. Ce travail ingrat ne s'est pas accompli, nous l'avouons, sans éveiller dans un cœur français un long sentiment de tristesse, causé par l'amoindrissement à l'étranger de notre vieille réputation de générosité, prodigue parfois, mais toujours chevaleresque. Pourtant, nous avons poursuivi nos recherches, résolu à laisser de côté toute passion et toute personnalité, soutenu seulement par cette conviction que nous remplissions un double devoir, celui de révéler aux souscripteurs des emprunts mexicains l'emploi réel qui a été fait de leurs fonds, comme de montrer au pays quel désastre financier le contrôle des mandataires de la nation aurait dû être appelé à prévenir.

CRÉANCE JECKER

I

Pour se rendre un compte exact de l'origine comme de la valeur de la créance Jecker, il est indispensable de jeter un rapide coup d'œil rétrospectif sur la situation intérieure du Mexique qui a donné naissance aux bons Jecker.

En 1857, tous les Etats du Mexique avaient voté une Constitution fédérale, qui était devenue le pacte fondamental de la nation. Conformément à l'art. 75 de cette même Constitution, le général Comonfort avait été légitimement nommé président de la république. Par faiblesse de caractère, Comonfort ne tarda pas à devenir l'instrument d'un parti liberticide : au mépris de son serment, il violait bientôt la Constitution, dont l'article 103 prononçait de droit sa déchéance, pour crime de haute trahison envers la patrie. D'autre part, l'article 79 était ainsi conçu : « En cas d'absence absolue ou momentanée du président de la république, le président de la cour suprême de justice exercera par intérim les fonctions de président de la république jusqu'à la nomination de son successeur. » En vertu de cet article, Juarez, président de la cour suprême, se saisit provisoirement des rênes du pouvoir, et lança son manifeste, à la date du 19 janvier 1858, de la ville de Guanajuato où il s'était réfugié, pendant que l'insurrection cléricale, favorisée par un *pronunciamiento* militaire, triomphait, au son des cloches, dans Mexico. Par son manifeste, Juarez appelait ses concitoyens à la défense de la Constitution menacée, et promettait la réunion du congrès aussitôt la rébellion vaincue. A la même date, le général Zuloaga, mis sur le pavoi par le clergé, s'intitulait président de la République à Mexico. Après une année d'excès, le 21 janvier 1859, la faction moitié cléricale, moitié militaire de Zuloaga succombait sous le régime militaire pur, représenté par Miramon, général improvisé de la veille. Juarez luttait toujours.

Deux gouvernements se trouvaient donc encore en présence, l'un de fait, l'autre légitime ; le premier n'était maître que de la capitale, de Puebla, et d'une vingtaine de bourgades environnantes : le second comptait le pays avec lui, et transport ait son siége d'abord dans Guadalajara, la seconde capitale de la République, et ensuite à la Vera-Cruz, le port le plus important par son commerce et ses recettes. Miramon, dont tous les efforts inutiles tendaient à triompher des armes républicaines, se vit bientôt privé de ressources financières en raison du territoire restreint qu'il occupait.

La dette du Mexique se divise en *dette intérieure* et en *dette extérieure*. La dette intérieure se compose de capitaux empruntés, dans le pays même, à des nationaux, conformément à des conventions librement stipulées et consenties entre les parties. Miramon augmenta la dette intérieure à plusieurs reprises. Le grand livre était toujours ouvert. Enfin, aucune maison ne voulut plus battre monnaie pour le pouvoir réactionnaire. Alors, il frappa d'impôts exorbitants et anticipés la fortune mobilière, immobilière et même morale des nationaux comme des étrangers résidant à Mexico. Les représentants des puissances européennes ayant protesté, il se trouva réduit aux abois. La banqueroute s'annonçait imminente dans le camp des rebelles. Sur ces entrefaites, un banquier suisse, tout à la fois hardi spéculateur, M. Jecker, vint proposer à M. Isidore Diaz, ministre de Miramon, un contrat sur les bases suivantes :

« L'Etat ferait une émission de 75 millions de francs en bons. Ces bons, remboursables en huit ans, porteraient intérêt à 6 0/0. Ils seraient reçus dans tous les payements à faire aux caisses de l'Etat, dans une proportion de 20 0/0 ; les anciens bons de la dette intérieure, quel que fût leur discrédit, quelle que fût leur date d'émission, pourraient être échangés par leurs détenteurs contre des bons nouveaux, moyennant une soulte de 25 0/0 en argent comptant. C'est-à-dire que l'Etat faisait une conversion d'une partie de sa dette intérieure, et que cette conversion devait lui produire un bénéfice net de 18 millions 750 mille francs, puisque la soulte en argent représentait un quart du capital converti. L'opération était d'autant plus séduisante que le public devait y trouver un double intérêt : d'une part, la revification d'un papier presque mort ; d'autre part, la facilité pour les négociants de payer le 20 0/0 des droits de douane avec les bons nouveaux. Ce projet fut adopté. La maison Jecker et Cᵉ fut constituée l'agent du gouvernement, chargé d'en assurer la réussite. »

Par décret du 29 octobre 1859, signé du président Miramon, la banque Jecker et Cᵉ était autorisée à procéder elle-même, sous sa seule signature, à l'émission des bons pour 75 millions de francs, de recevoir des acheteurs les anciens bons à amortir et la soulte de 25 0/0 en argent.

La moitié de l'intérêt à 6 0/0 était garantie par la maison Jecker pendant cinq ans, l'autre moitié par l'Etat.

A titre de commission, M. Jecker devait retenir 5 0/0 sur l'ensemble de l'émission, c'est-à-dire la vingtième partie de la somme totale à convertir, soit sur 75 millions de francs :

	BÉNÉFICE de la conversion	SOMMES décomposées
Frais de commission Jecker...		3,750,000 fr.
La maison concessionnaire était autorisée à retenir dans ses caisses par anticipation 11,250,000 fr. destinés à solder la moitié des intérêts à 6 0/0 dus par l'Etat, intérêts que devaient produire en cinq ans les 75 millions de bons nouveaux qu'on allait émettre...		11,250,000
De cette sorte, sur les 18,750,000 francs que le gouvernement rebelle avait entrevus dès le principe comme produit de cette opération merveilleuse, il n'avait plus à recevoir en réalité que.........................		3,750,000
La soulte en argent 25 0/0 devait produire..............	18,750,000 fr.	
Balance..............	18,750,000 fr.	18,750,000 fr.

Nous ne voulons pas entrer dans le détail, inutile au débat français, de toutes les manœuvres et des deux conversions Bornèque [1] qui modifièrent et altérèrent successivement, au profit de la maison Jecker, ce premier contrat financier.

Toujours est-il que, d'après des calculs qui ne peuvent être suspectés, établis d'ailleurs en vertu de pièces provenant de cette banque elle-même, le capital déboursé par Jecker

[1] M. Bornèque était neveu et associé de Jecker.

et Ce se décompose ainsi qu'il suit, comme l'atteste la liquidation de la Trésorerie mexicaine :

	SOMMES DÉBOURSÉES par la maison Jecker
La maison Jecker a remis en argent comptant....	3,094,640 fr.
en bons anciens de toutes catégories et rachetés à vil prix..................	1,860,000
en bons Jecker (ceux de son contrat)	123,750
en ordres sur les douanes....	500,000
en habillements militaires...	1,840,000
en divers crédits et payements	33,750
Total........................	7,452,140 fr.

Ainsi donc, le gouvernement de Miramon ne reçut que trois millions environ en argent. Sur toutes les autres valeurs admises complaisamment au pair, Jecker bénéficiait encore de 25 à 30 p. 100, puisque le courtage et l'impression des bons étaient restés à la charge de l'administration mexicaine. Eh bien, moyennant ces 7,452,140 fr. presque fictifs en partie, la maison Jecker et Ce restait propriétaire définitive, quatre mois après l'émission, d'un fonds d'Etat de près de 75 millions de francs. Deux mois plus tard (mai 1860), la maison Jecker, de son propre fait, sans avoir subi aucun dommage ni du gouvernement de Mexico ni du gouvernement de Juarez, se déclarait en faillite, accusant un passif de 25 millions.

Or, il est clair que ce n'était pas la conversion Miramon qui avait absorbé les 25 millions de passif, qui lui avaient été confiés tant par des Français que par des sociétés de bienfaisance, puisque nous venons de voir que Jecker n'avait consacré à cette habile opération que 7 millions 1/2 environ. D'autres spéculations avaient dû ébranler cet établissement financier, déjà chancelant à l'heure où il avait obtenu la concession de la conversion. Trois jours après sa cessation de paiement, la maison Jecker réunit ses créanciers et obtînt d'eux des termes de remboursements, à la condition qu'elle serait pourvue d'un conseil d'intervention sollicité par M. Jecker lui-même.

Les liquidateurs avaient trouvé dans les caisses de cette maison la somme énorme de 68,391,250 fr. en bons qui n'en étaient jamais sortis ou qui y étaient rentrés, et qui furent hypothéqués entre les mains des créanciers.

Le 11 janvier 1861, Miramon ayant été mis en fuite par les forces libérales, restées victorieuses aux champs de Calpulalpam, le président Juarez, remonté de Vera-Cruz, fit son entrée dans Mexico sans tirer un coup de fusil. Un de ses premiers actes, conforme à tous ses décrets antérieurs et à son droit, fut de déclarer nul et sans effets le contrat Jecker qui avait été passé avec le rebelle Miramon, et qui avait servi à entretenir la guerre civile dans la République. Les 68 millions que nous avons vu rester au pouvoir des liquidateurs de la maison de banque suisse étaient donc anéantis du même coup. C'était la ruine du capital engagé dans la conversion de 1859 et des espérances de bénéfices scandaleux que celle-ci avait fait naître ! Tel est l'historique exact de l'origine de cette créance.

II

A peine Juarez s'efforçait-il de rendre à un pays bouleversé les bienfaits de la paix (là ou il n'avait trouvé que dissolution, désordre, caisses de l'Etat comme celles de l'Eglise épuisées par le parti clérical qui avait pillé les perles, les calices, en un mot tous les objets d'or et d'argent qui se trouvaient dans les temples, pour en remettre le produit à Miramon [1]), que le ministre de France, récemment arrivé d'Europe avec des instructions toutes fraîches de son gouvernement, adressa la dépêche suivante au ministre des affaires étrangères de la République Mexicaine :

LÉGATION DE FRANCE AU MEXIQUE

Mexico, 2 mai 1861.

A. S. E. Francisco Zarco, ministre des relations extérieures.

Monsieur le Ministre,

J'ai eu l'honneur d'entretenir fréquemment Votre Excellence, depuis trois mois, d'une question importante dans laquelle les intérêts et l'honneur de la France se trouvent gravement impliqués : je veux parler de la question relative aux bons Jecker. Après les conversations échangées à ce sujet entre Votre Excellence et moi, je crois pouvoir me dispenser d'entrer, pour le moment, dans les détails de cette affaire. Il me paraît également superflu de discuter ici un principe incontestable, incontesté, qui préside aux rapports de toutes les nations civilisées : le principe de la solidarité, au point de vue des engagements internationaux des divers gouvernements qui se succèdent dans un pays. Ce principe, la France, au milieu des différentes phases qu'elle a traversées, dans les cinquante dernières années, l'a toujours respecté, quelquefois au prix de douloureux sacrifices, présents encore aujourd'hui à la mémoire de tous. Elle a donc le droit et le devoir d'exiger qu'il soit respecté par les autres nations; et quelle que soit d'ailleurs la bienveillance très sincère et très vive dont le gouvernement de l'Empereur soit animé à l'endroit du gouvernement mexicain, il ne saurait reconnaître à celui-ci la faculté de s'affranchir de ce principe, et de créer

[1] Ce qui est attesté par la circulaire secrète de Mgr Lazaro de la Garza, archevêque de Mexico, datée du 21 août 1860. Au nom de la sainte cause, le parti réactionnaire est celui qui a fait saccager à fond les propriétés religieuses publiques, en respectant les biens particuliers du clergé.

à son profit un nouveau droit des gens en opposition formelle à celui qui a servi de règle jusqu'ici à toutes les relations internationales.

Ainsi que je vous l'avais fait pressentir et que je ne vous l'ai pas laissé ignorer, j'ai reçu d'abord, il y a douze jours, par *le Tennessée*, puis par le dernier paquebot anglais, des ordres précis et péremptoires de mon gouvernement sur cette question.

J'avais espéré qu'éclairé par vous sur les nécessités et les périls de la situation, ainsi que sur les incontestables obligations qui lui incombent, le gouvernement de Son Excellence le Président se serait hâté de terminer cette affaire, *la seule qui puisse susciter de graves difficultés entre les deux pays*, et empêcher la France de donner un libre cours à ses intentions amicales envers le Mexique. Mon espoir a été malheureusement trompé. Je ne saurais prendre sur moi de différer plus longtemps l'exécution des ordres du gouvernement de l'Empereur. Toutefois, avant de vous les notifier d'une manière officielle, j'ai tenu à vous donner une nouvelle preuve de l'esprit de conciliation dont je suis personnellement animé; et je viens, guidé par un sentiment que vous voudrez bien apprécier, je l'espère, vous prier de me faire savoir, sans le moindre retard, les intentions définitives de votre gouvernement.

COMTE DE SALIGNY.

Cette dépêche fut suivie de la proposition d'une solution présentée par la légation française. Celle-ci réclamait en faveur de Jecker une somme de 50 millions, amortissable au moyen d'un 15 0/0 sur les revenus des douanes.

Que s'était-il donc passé dans l'intervalle du mois de mai 1860 au mois de mai 1861? Quelles transformations avait donc subies la créance Jecker? A quel titre le gouvernement français s'était-il saisi des réclamations du banquier suisse? En un mot, comment cette affaire litigieuse, la seule sérieuse, du propre aveu du représentant de la France, avait-elle pu susciter si rapidement de graves difficultés entre le Mexique et la France?

Il est certain que M. Jecker, ruiné dans ses espérances de spéculation par le refus de Juarez de reconnaître la dette Miramon, avait aussitôt songé à se créer des appuis en dehors de la République. Des personnages, dont tout à l'heure nous retrouverons les représentants financiers au milieu des signataires intéressés à la créance Jecker, avaient expédié, dès cette époque, des envoyés secrets sur les places de Mexico, de la Havane et de New-York, pour accaparer tous les bons nouveaux revêtus de la signature du banquier suisse. Des agents partirent de Paris pour l'Amérique, porteurs d'instructions cachetées, qu'ils ne devaient ouvrir qu'arrivés à destination. Parmi ceux-là même, deux refusèrent de s'acquitter du mandat qui leur était confié, et rentrèrent en Europe les mains pures.

Sur ces entrefaites, M. Dubois de Saligny, qui succédait à M. de Gabriac, était arrivé au Mexique comme ministre de France. Ainsi que l'atteste sa dépêche précédente, la créance Jecker devenait immédiatement l'objet de pourparlers suivis entre la légation française et le ministre des relations extérieures à Mexico. M. Jecker avait donc trouvé en France un appui décisif, puisque M. de Saligny, parti de Paris avec des instructions précises, recevait par chaque courrier, comme il le dit lui-même, des ordres péremptoires de son gouvernement sur cette question. M. Billault ignorait-il le sens et la portée de ces ordres péremptoires ? Est-il admissible, en outre, qu'un diplomate ait eu assez d'autorité pour décider lui seul de la guerre ou de la paix ?

La situation était grave ; il devint évident pour Juarez que la spéculation Jecker était grosse de menaces pour son pays. Pourtant le ministre de France, qui obéissait en cela à une impulsion reçue du cabinet français, faisait un étrange abus du droit international lorsqu'il voulait rendre le gouvernement légitime du Mexique responsable des dilapidations et des engagements d'un gouvernement insurrectionnel. Juarez n'avait pas succédé à Miramon. Lui seul représentait le pays, en vertu de son mandat légitime : seul il avait le droit de contracter, et par conséquent d'engager la solidarité de la République, aux yeux même de l'étranger. Le titre de M. Jecker était nul ; il rentrait dans la classe des engagements particuliers qui ne sont justiciables que de l'action des tribunaux du pays auxquels M. Jecker s'était déjà adressé une fois pour une grosse créance de sa maison, et près de qui il avait bien su trouver justice.

D'ailleurs Juarez, dès le 3 novembre 1858, avait rendu un décret daté de la Vera-Cruz, que la presse clandestine avait révélé, sous Miramon, à tous les habitants de Mexico : il était ainsi conçu, et M. Jecker eût été le seul à l'ignorer :

BENITO JUAREZ, président constitutionnel intérimaire des Etats-Unis Mexicains, à tous les habitants de la République, savoir faisons que :

En vertu des pouvoirs dont je suis revêtu, il m'a paru convenable de décréter ce qui suit :

Toute personne qui, directement ou indirectement, prêtera des secours aux individus qui se sont soustraits à l'obéissance du gouvernement suprême constitutionnel, en leur fournissant de l'argent, des vivres, des munitions de guerre et des chevaux, perdra par ce seul fait la valeur intégrale des sommes ou des objets qu'il leur aura livrés, et sera condamné en outre, envers le trésor, à payer, à titre d'amende, le double de l'argent qu'il leur aura fourni, ou le double de la valeur des objets qu'il leur aura livrés.

Donné au palais du gouvernement général dans Vera-Cruz, le 3 novembre 1858.

BENITO JUAREZ.

La créance Jecker était donc de droit, capital et intérêts,

frappée de nullité. D'autre part, c'est ici le cas d'examiner à quel titre la légation de France intervenait en faveur d'un citoyen suisse, et cela au risque de sacrifices incalculables, si la guerre devait s'ensuivre. Cette intervention énergique, nous l'eussions comprise en faveur de la créance fondée d'un de nos compatriotes ou d'un étranger s'abritant sous les plis de notre drapeau, sur la demande de son propre gouvernement. Mais la dépêche suivante du consul général de Suisse à Mexico, qui fut provoquée par les événements du Mexique, prouve nettement que la protection des citoyens suisses appartenait, dans le cas extraordinaire, à la légation américaine et non à la légation de France, qui déjà, le 1er septembre 1861, avait été prévenue par le ministère mexicain, « qu'il n'existait aucune pièce officielle l'accréditant en qualité de représentant de la confédération helvétique. »

A M. le Ministre des affaires étrangères à Mexico, Consulat général de Suisse.

Le soussigné, consul général de la Confédération suisse, a l'honneur d'accuser réception à S. E. M. le ministre des affaires étrangères de la note qu'il lui a adressée, en date du 7 courant, pour lui demander s'il se trouve ou non dans l'exercice de ses fonctions consulaires, attendu que l'attention du gouvernement a été appelée sur le fait que, d'abord la légation de France, et ensuite celle de S. M. le roi de Prusse, ont traité des questions qui touchaient aux intérêts des citoyens suisses.

« Le soussigné a l'honneur de répondre à Son Excellence que les instructions qu'il a reçues de son gouvernement l'autorisent, sous tous les rapports, à se mettre en relation directe avec le gouvernement de la République mexicaine, et à recevoir aussi toutes les communications que le gouvernement mexicain voudrait bien lui transmettre.

» En même temps, il est de son devoir d'informer Son Excellence que, d'après une convention célébrée entre le gouvernement de la

Confédération suisse et le gouvernement des Etats-Unis d'Amérique, les consuls suisses sont autorisés à demander, dans le cas de besoin, la protection des agents diplomatiques des Etats-Unis, et que ceux-ci sont instruits qu'ils doivent protéger les citoyens suisses à l'égal de leurs propres nationaux.

Mexico, 8 février 1862.

ARNOLD SUTTER.

Le 26 mars 1862, M. Jecker était naturalisé Français !

Les événements avaient marché. Notre représentant était devenu plus exigeant que jamais. Mais Juarez, qui prévoyait avec angoisse les désastres prêts à fondre sur sa patrie, restait impuissant à satisfaire les demandes du gouvernement français. La République sortait à peine de convulsions sanglantes. Le Trésor public était épuisé par de longues années de guerres civiles. A la Vera-Cruz, le principal port de la république, il n'y avait pas moins de 79 p. 100 des revenus, réclamés par les créances étrangères. Cette somme se décomposait ainsi :

PRODUIT DES DOUANES de Vera-Cruz			
	27	p. 100	étaient assignés aux porteurs de bons de Londres ;
	24	»	pour la convention anglaise, qui comptait plusieurs possesseurs anglais ;
	10	»	pour les arrérages ;
	10	»	pour les arrérages dus à la mine de Guanajuato ;
	8	»	à la convention française ;
Total	79	»	
	15	»	étaient réclamés par M. Dubois de Saligny pour amortir 50 millions exigés en faveur de la spéculation Jecker ;
	6	»	seulement restaient pour les besoins de la République mexicaine.
Total	100	»	

En vérité, n'était-ce pas sciemment pousser à un acte de désespoir un pays et son chef que de les réduire à pareille extrémité? On connaît les événements. Les passions populaires, surexcitées, causèrent quelques nouveaux dommages à des résidents français : d'énormes indemnités furent réclamées; nous nous en occuperons tout à l'heure. Juarez, pressé par le besoin, se vit forcé de suspendre momentanément le payement de la dette étrangère. Les pavillons de l'Angleterre, de l'Espagne et de la France vinrent flotter sur les murs de Vera-Cruz. Ce faisceau fut bientôt rompu. Les commissaires des puissances alliées, réunis à la Soledad, virent la discorde entrer dans leur camp, dès que les plénipotentiaires de la France eurent exposé leur ultimatum.

Ultimatum des plénipotentiaires de France au Mexique.

Les soussignés, représentants de France, ont l'honneur de formuler comme suit l'ultimatum dont ils ont ordre d'exiger, au nom du gouvernement de S. M. l'Empereur, l'acceptation pure et simple par le Mexique.

Art. 1er. Le Mexique s'engage à payer à la France une somme de douze millions de piastres (soixante millions de francs), à laquelle est évalué l'ensemble des réclamations françaises, en raison des faits accomplis jusqu'au 31 juillet dernier. . . . .

. . . .

Art. 3. Le Mexique sera tenu à l'exécution pleine, loyale et immédiate du contrat conclu au mois de février 1859 entre le gouvernement mexicain et la maison Jecker.

Juarez repoussa avec indignation cet ultimatum, annonçant aux gouverneurs des Etats que la patrie était en danger, *grâce aux manœuvres exécrables et aux informations mensongères de spéculateurs sans conscience.* Le ministre d'Angleterre à Mexico s'empressa, de son côté, de prévenir le cabinet anglais des motifs qui l'avaient décidé, malgré ses propres griefs, à ne pas appuyer l'ultimatum français.

Sir Ch. Wyke au comte Russell.

Vera-Cruz, 19 janvier 1862.

. . . .

L'objection présentée ensuite par le général Prim et par moi à l'ultimatum de M. de Saligny, était la demande fondée sur la réclamation de la maison suisse de Jecker et Ce, à Mexico. Je vais tâcher de m'expliquer aussi brièvement que possible, et Votre Seigneurie sera d'accord avec moi que cette réclamation est pour le moins extraordinaire. Lorsque le gouvernement de Miramon était à sa fin et était sans le sou, la maison Jecker lui prêta 750,000 dollars, et reçut en retour de cette avance des bons payables à une future époque pour le montant de 15 millions de dollars. Peu de temps après cet acte énorme, Miramon fut renversé et remplacé par son rival Juarez : celui-ci fut sommé par M. Jecker, qui a été placé sous la protection française, de lui payer l'énorme somme ci-dessus mentionnée, par le motif qu'un gouvernement doit être tenu pour responsable des actes et des obligations de son prédécesseur. Juarez refusait, et sa résolution fut appuyée par les personnes impartiales de Mexico. J'ai toujours compris que son gouvernement consentait à payer la somme originairement payée de 750,000 dollars avec 5 p. 100 d'intérêt, mais qu'il rejetait l'idée d'être responsable de 15 millions de dollars. J'ai à peine besoin de dire que des conditions pareilles ne pourraient jamais être acceptées, et que toute tentative d'imposer de pareilles demandes par la force conduirait à des hostilités entre le gouvernement mexicain et les alliés.

. . . .

WYKE.

Le cabinet anglais ne pouvait pas ne pas s'émouvoir d'un pareil incident qui compromettait la bonne foi des alliés : il envoya sans retard la dépêche suivante de Mexico à son ambassadeur à Paris.

Le comte Russell au comte Cowley.

Londres, 3 mars 1862.

En transmettant à Votre Excellence la dépêche de sir Ch. Wyke, du 19 janvier, je vous prie d'appeler la sérieuse attention de M. Thouvenel sur son contenu.

La demande de 12 millions de dollars formée sans compter et par aperçu, et celle de l'exécution intégrale et immédiate d'un contrat pour le payement de bons s'élevant à 15 millions de dollars en acquit de 750,000 dollars avancés à un gouvernement nominal la veille de sa chute, paraissent au gouvernement de Sa Majesté des termes d'ultimatum que le gouvernement de l'Empereur ne peut pas approuver.

Mais le gouvernement de Sa Majesté, avant de répondre à sir Ch. Wyke, serait heureux de connaître les vues du gouvernement français.

COMTE RUSSELL.

La réponse du gouvernement français ne se fit pas attendre : elle donnait gain de cause à l'ultimatum de M. de Saligny ; mais elle attestait aussi que l'honnêteté éprouvée de M. Thouvenel, notre ministre des affaires étrangères, était encore peu éclairée sur la question et se trouvait déjà mal à l'aise en présence de l'inconnu.

Le comte Cowley au comte Russell.

Paris, le 5 mars 1862,

J'ai vu hier M. Thouvenel, et je lui ai communiqué en substance la dépêche de Votre Seigneurie au sujet des réclamations mises en avant par M. Dubois de Saligny. M. Thouvenel a commencé par me faire observer qu'il ne comprenait pas la lettre et l'esprit de la convention du 31 octobre de la même manière que Votre Seigneurie. Il y avait, dit-il, deux genres de réclamations dont chaque gouvernement avait à s'occuper en traitant avec le gouvernement mexicain : celles déjà reconnues et celles provenant d'outrages non encore expiés et dont le montant n'était pas encore réglé . . . .

. . . .

Je représentai à M. Thouvenel qu'il ne pouvait assurément pas approuver une demande de 12 millions de dollars formée sans compter et par aperçu, et une autre demande de payement de 15 millions de dollars. Son Excellence est convenue que ces deux sommes l'avaient frappé comme très considérables: il était d'ailleurs impossible de les contrôler. Il avait originairement prié M. Dubois de Saligny de fixer une somme qui, dans la consciencieuse opinion de ce gentleman, constituerait une demande équitable. Son Excellence me lut une justification de M. de Saligny, qui aboutit simplement à ceci : c'est qu'il est convaincu que la somme réclamée ne couvrira pas le montant des réclamations qui se trouvent dans les chancelleries de la légation de France à Mexico et des divers consulats français sur le territoire mexicain. Ayant reçu cette assurance, Son Excellence ne pouvait rien faire de plus que de recommander l'examen le plus rigoureux de chaque réclamation présentée. Son Excellence saisit cette occasion pour dire qu'elle ne consentirait pas à la nomination d'une commission mixte telle qu'elle avait été suggérée à l'une des conférences de Vera-Cruz, ayant pour mission d'arbitrer les demandes des trois gouvernements ; mais qu'elle ne pouvait être contraire à une proposition émanant de M. de Saligny : qu'une commission française, composée du secrétaire de la légation française, du consul français à la Vera-Cruz et d'un négociant français, décidât des mérites des réclamations françaises. Si, après enquête, il se trouvait que la somme réunie des réclamations admises par cette commission fût inférieure à celle de 12 millions de dollars, naturellement cette somme serait diminuée en proportion. . . .

. . . .

Eu égard à la réclamation Jecker, M. Thouvenel me dit qu'un certain nombre de sujets français avaient avancé de l'argent à Jecker sur des bons émis par lui en vertu de son contrat avec le gouvernement mexicain. Il ne pouvait par conséquent être question de la restitution seulement des 750,000 dollars ayant servi au gouvernement mexicain, mais aussi du payement des bons pour lesquels de l'argent avait été donné. . . . .

. . . .

COMTE COWLEY.

Les arguments de M. Thouvenel reproduits par le comte

Cowley, quoique présentés de bonne foi, n'eurent pas le don de convaincre le cabinet anglais, qui commençait déjà à juger sévèrement nos prétentions pécuniaires à l'égard du Mexique. Le ministre des relations extérieures répondit de Londres.

Le comte Russell au comte Cowley.

Londres, le 8 mars 1862.

La dépêche de Votre Excellence, du 5 courant, donne lieu à de très sérieuses réflexions. Il est à peine possible que des réclamations aussi excessives que celles de 12 millions de dollars, en bloc et sans compter, et celle de 15 millions de dollars pour 750,000 reçus, puissent avoir été faites avec l'espoir de les voir accueillies.

Les résultats en perspective sont d'un caractère si grave, que le gouvernement de Sa Majesté doit prendre quelques jours pour délibérer sur la marche à suivre. Je ne toucherai, par conséquent, pas aux vues exposées par M. Thouvenel dans la présente dépêche; je me borne à dire que le gouvernement de Sa Majesté examinera avec soin la substance des dépêches que M. de Flahaut est prié de me communiquer.

COMTE RUSSELL.

Trois jours après, le même ministre écrivait :

Le comte Russell au comte Cowley.

Londres, le 11 mars 1862.

J'ai eu hier une longue conversation avec le comte de Flahaut, surtout sur les affaires du Mexique.

Son Excellence m'a communiqué plusieurs dépêches de M. Thouvenel, de M. Dubois de Saligny et de l'amiral Jurien de La Gravière, relatives aux dissensions entre les commissaires des alliés.

. . . .

Je dis que je ne pouvais pas aller aussi loin, que j'étais prêt à admettre que les alliés ne pouvaient pas examiner leurs réclamations réciproques, sans une grande perte de temps, et qu'après ils n'étaient pas en état de juger de la validité de chaque demande particulière; mais que lorsqu'une réclamation excessive et exorbitante était présentée, il était du devoir du commissaire de Sa Majesté de ne pas appuyer cette demande. Je dis ensuite que la demande de 12 millions de dollars en bloc, sans aucun compte, *et celle de 15 millions de bons en retour d'un prêt frauduleux de* 750,000 *dollars, fait à un gouvernement banqueroutier et sur le point de tomber, étaient des demandes de cette nature.*

Le comte de Flahaut pensait que M. Dubois de Saligny pouvait avoir lui-même examiné les réclamations françaises, et qu'il était arrivé à un total après avoir additionné les comptes séparés, et non pas seulement d'après des conjectures approximatives. Il me dit, de plus, que M. Thouvenel proposait maintenant de faire cet examen au moyen d'une commission.

. . . .

Je dis que si la réclamation Jecker était complétement abandonnée, alors le gouvernement de Sa Majesté appuierait les réclamations françaises.

COMTE RUSSELL.

Ainsi donc, à la date du 11 mars 1862, M. Thouvenel avait modifié ses premières résolutions. Les représentations du cabinet anglais avaient mis en éveil ses sentiments d'honnêteté : il avait compris que notre diplomatie faisait fausse route, et que des prétentions aussi mal fondées pouvaient en compromettre le prestige. Sa nouvelle proposition d'examen des créances françaises et l'éloignement de la question Jecker allaient ramener l'harmonie au sein de la commission des alliés. A coup sûr, la France avait des griefs légitimes : certains de nos nationaux avaient éprouvé des dommages qui voulaient réparation. Mais il n'y avait pas motif à mettre le couteau sur la gorge de la République mexicaine, vaste comme trois fois la France, et où le président le mieux intentionné est impuissant à faire respecter la loi. Malgré la force armée et les légions de fonctionnaires dont notre pays dispose jour et nuit sur un moindre territoire que le Mexique, ne se commet-il pas sans cesse des crimes dont les auteurs inconnus échappent à la justice humaine? De plus, le citoyen qui s'expatrie pour ces pays lointains peut-il prétendre à la même sécurité que celle dont il jouit dans sa patrie? Pouvait-on rendre Juarez responsable de toutes les injures infligées à nos nationaux, avant même qu'il ne se fût saisi des rênes du pouvoir? Enfin, était-ce d'une généreuse et bonne politique d'aller ruiner un peuple, les armes à la main, parce qu'il était trop pauvre pour payer ses dettes?

On peut se rappeler qu'au moment où la légation française dictait son ultimatum, Juarez, désespéré, désigna un de ses ministres, M. La Fuente, pour se rendre en Europe, exposer la détresse de la République et solliciter la commisération de la France. « Une chose a retardé son départ, écrivait de Mexico M. Mathew à lord Russell en date du 12 mai 1861, la difficulté de se procurer la faible somme nécessaire pour subvenir aux dépenses de son voyage. » Et la France réclamait pour sa part soixante millions, en dehors de la créance Jecker, sans vouloir même compter avec les Mexicains exclus de la commission composée uniquement de Français!

Les bonnes résolutions de notre ministre des affaires étrangères, signifiées à Londres par le comte de Flahaut, furent malheureusement de courte durée, et, nous n'hésitons pas à le dire, à ne consulter que la dépêche suivante, qui venait donner un démenti complet aux promesses de la veille, M. Thouvenel avait dû subir une influence mystérieuse, qui ne lui laissait plus la liberté de sa politique. Une main occulte tenait tous les fils de cette trame ténébreuse qui allaient aboutir à Mexico, où son action se faisait ressentir auprès de M. de Saligny lui-même. Il n'est pas douteux que ce diplomate n'eût quitté Paris avec un plan tout tracé d'avance, qui n'admettait pas de résistance de la part du Mexique sur la validité de la créance Jecker; et nous ne sommes pas le seul à penser ainsi, puisque le ministre des affaires étrangères de la Grande-Bretagne, qui paraissait suffisamment renseigné, écrivait à cette époque au ministre anglais à Mexico : « On doit à M. Dubois de Saligny de dire (*et il y a toutes raisons de le supposer*) *que dans la marche qu'il a suivie, il a sans doute agi en stricte conformité avec les désirs et les intentions du gouvernement français.* » Toujours est-il que trois jours après la dépêche si rassurante de lord Russell, au sujet de la nouvelle attitude prise par M. Thouvenel à l'égard du Mexique, lord Cowley venait étonner le cabinet anglais par la missive suivante.

Le comte Cowley au comte Russell.

Paris, 14 mars 1862.

J'ai dit hier à M. Thouvenel que j'étais heureux de voir, par la dépêche que je venais de recevoir de Votre Seigneurie, qu'à la suite de l'abandon par le gouvernement impérial de la réclamation Jecker, ainsi que de l'institution d'une commission pour examiner le montant des autres réclamations françaises non encore décidées, le gouvernement de Sa Majesté avait pu donner pour instruction à sir Ch. Wyke d'appuyer le résultat de cet examen.

M. Thouvenel dit que ni dans ses conversations avec moi, ni dans ses instructions à M. de Flahaut, il n'avait consenti à faire abandon de la réclamation Jecker, et qu'il ne résultait pas des dépêches de cet ambassadeur qu'il eût compris que cette réclamation fût abandonnée.

M. Thouvenel ajouta qu'il ne pouvait prendre sur lui de faire une telle déclaration; qu'il ne connaissait pas suffisamment les termes du contrat Jecker, qu'il n'avait jamais vu, pour se former à ce sujet une opinion; qu'il ne savait point jusqu'à quel point des intérêts français y étaient engagés; qu'en conséquence, il devait laisser l'appréciation de toute l'affaire à M. Dubois de Saligny dans la probité duquel il avait une entière confiance. Tout ce qu'il pouvait dire, c'est qu'il en avait déjà écrit à M. de Saligny; qu'il n'avait aucune intention d'appuyer des réclamations injustes, et que si M. Jecker avait fait un contrat imprudent, il ne devait pas compter sur la France pour le soutenir.

COMTE COWLEY.

Comme on le voit, la contradiction de notre ministre s'était révélée aussi rapide que flagrante : il se repentait d'avoir été trop loin dans ses déclarations, et en vérité n'était-il pas surprenant qu'un ministre des affaires étrangères se retranchât derrière son ignorance d'une question soulevée depuis quinze mois, passée à l'état de *casus belli*, surtout lorsque M. de Saligny, comme on se le rappelle, avait déclaré, un an plus tôt, au ministre de Juarez, que l'affaire Jecker était la seule capable de susciter de graves difficultés ?

Cependant, de son côté, M. Thouvenel, inquiet de la marche que les événements allaient suivre et de sa responsabilité engagée, faisait appel à toute la prudence de M. de Saligny. Il savait, d'ailleurs, que les dernières instructions du cabinet anglais, au représentant de la Reine, étaient ainsi conçues : « Si la réclamation Jecker est mise en avant par M. Dubois de Saligny, ne lui donnez aucun appui. » Lord Palmerston lui-même avait protesté en plein Parlement : « Jamais, s'était-il écrié, le gouvernement anglais n'a pris de mesures et n'en prendra pour contraindre le Mexique à payer les crédits des particuliers, qui, par un acte de leur propre volonté, font des avances d'argent à des gouvernements étrangers, et le manque de payement ne saurait être un motif de guerre. »

Une fois livré à lui-même dans le silence du cabinet, M. Thouvenel, quelque confiance que lui inspirât M. Dubois de Saligny, avait compris que nul agent n'est infaillible, et qu'il ne convenait pas d'engager le trésor et les soldats de la France sans motifs sérieux.

A M. Dubois de Saligny, ministre de France au Mexique.

Paris, 14 mars 1862.

Monsieur,

. . . .

J'ai mis le gouvernement anglais au courant des atténuations que je vous laissais libre d'apporter à votre ultimatum. J'ajouterai, à ce propos, à ce que je vous disais sur la possibilité d'une réduction du chiffre de douze millions de piastres (60 millions de francs) pour notre indemnité, que les circonstances vous indiqueront mieux que je ne saurais le faire à une aussi grande distance, si une trop grande rigueur de notre part n'aurait pas, en dernière analyse, plus d'inconvénients que quelques concessions qui contribueraient à maintenir un concert intime entre les représentants des trois cours, et qui faciliteraient un arrangement final.

. . . .

En ce qui touche l'affaire Jecker, il y a évidemment une distinction à faire entre ce qui touche directement à nos intérêts et ce qui y est étranger.

THOUVENEL.

Les informations de la légation française au Mexique avaient représenté *que le commerce étranger tirait un grand soulagement de la mesure financière*, facilitée sous Miramon au gouvernement mexicain par la maison Jecker, puisque les négociants avaient été autorisés à faire intervenir les bons nouveaux, pour 20 0/0 dans les payements à faire à l'Etat. Ces informations eussent paru inacceptables à notre ministre des affaires étrangères, si, mieux éclairé par ses agents, il avait pu interroger l'actif de la maison Jecker en faillite. Nous avons déjà démontré que les liquidateurs avaient trouvé dans les caisses de cette maison 68,391,250 francs en bons nouveaux, c'est-à-dire presque le total de l'émission. La maison Jecker était donc la seule en mesure de profiter de cet abaissement de douanes.

Le sort en était jeté ! L'or et le sang de la France allaient féconder la créance Jecker. Son ombre suivit pas à pas notre drapeau, lorsque nos soldats montaient à Puebla et puis à Mexico. Dès notre arrivée dans la capitale, cette ombre apparut grandissante et vint frapper aux portes du quartier général ; elle venait réclamer le prix du sang versé. Mais les soldats savent mal aligner des chiffres : elle dut attendre. Maximilien allait monter sur son trône. La créance Jecker pénétra avec le souverain dans son palais, où elle apporta le scandale, et d'où, à moitié satisfaite, elle ne sortit qu'avec le malheureux prince partant pour la place de Queretaro.

III

L'empereur Maximilien avait été précédé de quelques semaines au Mexique par un homme instruit, laborieux, rompu aux affaires : nous voulons parler de M. Corta. Cet envoyé du gouvernement français était chargé d'une double mission. Il allait traiter certaines questions importantes, et, en outre, interroger les horizons du Mexique, dans le but de découvrir les richesses que le pays recélait dans ses flancs. Sa mission terminée, il devait rentrer en France pour éclairer la religion de notre gouvernement sur les ressources financières du nouvel empire mexicain. Nous aurons occasion, à propos des emprunts, de dire comment M. Corta s'acquitta de son mandat, et le rôle qu'il a joué dans l'opération qui a ruiné une partie des citoyens français.

M. Dubois de Saligny était rentré en France après avoir amené la créance Jecker jusque dans Mexico. Depuis que le sang avait coulé au Mexique, les réclamations françaises avaient dû être laissées de côté, faute de gouvernement avec qui compter. M. Jecker avait été naturalisé Français, l'archiduc Maximilien avait accepté la couronne de Miramar : on savait le prince en route pour sa patrie d'adoption. Il s'était engagé à satisfaire aux créances françaises, sauf révision : la France avait donc été plus généreuse envers lui qu'à l'égard de Juarez, sur ce dernier point important. A son arrivée au palais de Chapultepec, le jeune souverain reçut des mains de M. Corta un projet d'arrangement de la dette des bons Jecker. Nous le reproduisons textuellement.

Projet d'arrangement de la dette des bons Jecker, présenté par M. Corta à S. M. l'Empereur.

L'affaire Jecker semble mériter par son importance, et à cause du bruit qu'elle a fait, une solution particulière. Cette solution pourrait donner satisfaction à de nombreux intérêts en suspens, leur rendre un essor commercial et industriel, produire en Europe un effet utile au crédit du Mexique, sans imposer de sacrifices au Trésor.

Après l'exposé de l'origine de la créance, qui était présentée sous un jour favorable, M. Corta concluait, en proposant à Maximilien la solution suivante :

En équité, à raison de la nature du contrat et de son exécution, eu égard aussi à la situation passive de la maison Jecker, la créance doit subir une certaine réduction. En réduisant la valeur des bons Jecker à 40 0/0, les 68,391,250 fr. que la maison en liquidation possède, produiraient.............. 27,356,500 fr.

Cette somme permettrait à la maison Jecker de payer ses créanciers en leur servant un faible intérêt jusqu'à l'époque probable du complet payement de la dette. En mettant tous les autres bons qui sont déjà en circulation au même taux de 40 0/0, ils produiraient...................... 1,983,620

La somme à reconnaître pour les bons dits Jecker s'élèverait donc à.................... 29,340,120 fr.

Pour payer cette somme, il suffirait d'y affecter 20 0/0 sur les revenus des douanes, à prendre sur les 50 0/0 dont ces revenus ont été dégrevés par l'intervention française, et qui devraient être rétablis.

Le gouvernement saisirait ainsi l'occasion favorable de rétablir des droits qui ont été réduits sans utilité sensible pour le commerce. La dette Jecker, qui affecte tant d'intérêts, serait éteinte au moyen de 20 0/0 sur les droits de douanes, et le Trésor bénéficierait de 30 0/0 sur ces mêmes droits. La base ci-dessus proposée serait, on a lieu de le croire, acceptée par les créanciers Jecker. Il pourrait être en outre stipulé que les 20 0/0 affectés à ces nombreux créanciers seraient distribués tous les six mois par voie d'adjudication au rabais. Cette mesure aurait pour résultat de réduire les créances, de hâter le payement du solde et de procurer une économie au Trésor.

CONCLUSION

En résumé, la créance Jecker peut être éteinte de manière à satisfaire de nombreux intéressés et sans imposer de sacrifices au Trésor, au moyen : 1° de la réduction de la créance à 40 0/0 ; 2° du rétablissement des droits, réduits par l'intervention française sur les revenus des douanes ; 3° de l'affectation de 20 0/0 sur le produit des droits de douane rétablis aux bons Jecker réduits ; 4° de la distribution semestrielle du produit de 20 0/0 aux porteurs de bons, par adjudication au rabais.

CORTA.

M. Corta ne s'était certainement pas occupé du règlement de la créance Jecker sans y avoir été convié. Alors il n'est pas douteux qu'il avait emporté de Paris des instructions précises à ce sujet. Pourquoi cette injuste créance primait-elle en tous points les intérêts de nos nationaux ? L'empressement apporté à cette affaire était certainement supérieur à celui qu'on déployait en faveur des indemnitaires français. Et d'autre part, n'était-il pas étrange de voir relever, pour payer la dette du banquier suisse, les droits de douane que le maréchal Bazaine avait fait réduire dans l'intérêt de notre commerce et de son développement ? De plus, on a lieu de s'étonner que M. Corta, dont la mission avait un caractère réparateur et organisateur, eût oublié si vite qu'en matière d'économie politique, le vrai moyen d'augmenter les débouchés de l'importation est d'abaisser les tarifs. Ainsi donc, d'après sa proposition, les marchandises françaises étaient appelées à supporter des charges plus onéreuses, pour enrichir M. Jecker. Puisque M. Corta agissait, dans cette circonstance, au nom de son gouvernement, en proposant de réduire à 40 0/0 les prétentions de ce banquier, que penser de cette demande de 75 millions faite jadis à Juarez, et suivie, sur le refus du président d'y accéder, d'une guerre désolante ? A cette heure, on jugeait que 20 millions de bénéfice net devaient suffire aux exigences de Jecker et de ses complices ! Cette combinaison fut pourtant repoussée par la maison intéressée : elle espérait mieux.

Maximilien s'était montré bien imprudent ou bien aveugle quand il avait signé le traité de Miramar : à cette heure où il connaissait exactement la valeur réelle de la créance Jecker, il l'avouait lui-même. Du haut de son palais de l'Adriatique, il avait subi l'attraction du mirage, qui lui faisait entrevoir à l'horizon mexicain des richesses féeriques. Sa nouvelle patrie, ruisselante des perles fines du Pacifique, des lingots d'or et d'argent des Cordillères, lui était apparue dans le lointain assez opulente pour payer, sans compter, la rançon de sa couronne, c'est-à-dire le prix des réclamations françaises et de notre occupation militaire. Mais à mesure qu'il s'était rapproché de l'ancienne capitale de Montezuma, les perspectives dorées s'étaient évanouies comme ces ombres enchanteresses qui entraînaient Renaud à travers les jardins d'Armide. La misère d'un pays, riche seulement dans ses entrailles, avait fermé sans retour la porte des songes, au delà de laquelle la jeune cour s'était plu à rêver des mines étincelantes de métaux précieux et inépuisables. Une brusque réalité avait dévoilé aux yeux de Maximilien un budget insatiable, accroupi comme un monstre dévorant sur les degrés de son palais. A cette heure, il lui fallait compter, et appauvrir davantage son peuple déjà pauvre. D'abord, il essaya de résister, cherchant à gagner du temps : malgré tout, il fallait faire honneur à la signature engagée à Miramar.

M. Corta n'avait que posé le pied sur le territoire mexicain. Il en avait assez vu. Sa présence au sein des Chambres françaises, comme nous le verrons plus tard au chapitre des emprunts, était nécessaire aux combinaisons financières de M. Fould. Il partit de Mexico, laissant derrière lui l'œuvre Jecker inachevée.

M. Bonnefons, inspecteur général des finances, à son tour en mission au Mexique, recueillit sa succession : il ne perdit pas de temps. Le 26 mars 1865, ce haut fonctionnaire remettait à l'Empereur une nouvelle note, qui réclamait une prompte solution en faveur des bons Jecker. Le principal argument de M. Bonnefons, pour revivifier cette créance morte, c'est que la faillite décisive de la maison de banque suisse devait entraîner la ruine complète de tous les artisans, commerçants ou établissements de bienfaisance qui avaient déposé leurs économies dans cette caisse. C'était là le régime financier que les agents français allaient inaugurer au Mexique, que nous prétendions régénérer ! N'était-ce pas ouvrir la porte à tous les scandales et à toutes les concussions imaginables ? A coup sûr, la situation des malheureux menacés de la ruine était digne d'intérêt ; mais depuis quand un Etat doit-il se faire responsable des mauvaises spéculations ou des opérations dangereuses d'une maison particulière, à laquelle des imprudents se sont confiés ? Cette thèse était insoutenable, condamnable à tous égards, et nous voyons de nos jours les déplorables conséquences de cette haute intervention de l'Etat dans les crises des grands établissements financiers. Elle a pour effet de créer une solidarité compromettante, grosse de déceptions pour le public, et qui n'a plus de limites ; et si ce système prévalait, à chaque heure le gouvernement devrait soutenir de toute son influence les simples maisons de commerce prêtes à sombrer. Ainsi donc, la masse des contribuables mexicains et le commerce français allaient être condamnés à indemniser la maison Jecker de leurs propres deniers. Tel était le plan de M. Bonnefons, suivant les errements de M. Corta.

INSPECTION GÉNÉRALE DES FINANCES. — MISSION DU MEXIQUE.

Note à S. M. l'Empereur Maximilien sur l'affaire Jecker.

Mexico, le 26 mars 1865.

L'affaire Jecker a depuis longtemps préoccupé l'opinion publique ; elle se lie à de nombreux intérêts qui demeurent en souffrance, dans l'attente d'une solution qu'il importe de ne pas retarder.

L'honorable M. Corta, après s'être entouré des renseignements les plus précis, avait proposé un arrangement qui avait obtenu l'adhésion des créanciers de la maison Jecker, tout en sauvegardant, dans une juste mesure, les intérêts du Trésor. Ses conclusions étaient : 1° que la créance Jecker, vis-à-vis du gouvernement mexicain, fût réduite à 40 p. 100 ; 2° qu'on affectât à son amortissement 20 p. 100 du produit des droits d'importation ; 3° qu'une distribution semestrielle du produit de 20 p. 100 fût faite aux porteurs de bons par adjudication au rabais.

Le conseil d'Etat propose d'accorder aux porteurs de bons 50 p. 100 sur le capital et sur les 15 p. 100 d'intérêt qui étaient dus par le gouvernement, et qu'il n'a pas payés ; de leur allouer un intérêt annuel de 3 p. 100 à partir du jour de la signature du règlement : il demande, comme M. Corta, qu'on affecte au payement de ces créances 20 p. 100 des droits d'importation, et que la distribution aux porteurs de bons ait lieu tous les quatre mois par adjudication au rabais. M. le président Lacunza a partagé l'opinion de M. Corta sur le chiffre de la réduction à faire subir à la créance Jecker ; mais il repousse toute idée de convention spéciale, et estime que les bons Jecker doivent être compris dans la dette intérieure ou subir le sort des réclamations étrangères.

En considérant les nombreux intérêts engagés dans l'affaire Jecker, la triste situation des créanciers, qui sont, pour la plupart, des artisans ou de petits commerçants, on comprend qu'une solution est urgente et qu'on ne saurait la remettre indéfiniment, comme le propose M. le président Lacunza ; la mise en faillite définitive de la maison Jecker aura lieu si l'arrangement est ajourné après le départ du courrier, et cette faillite entraînera les plus grands désastres, notamment la ruine complète des déposants de la Caisse d'épargne.

Mais tout en reconnaissant la nécessité d'une prompte solution, il importe de sauvegarder les intérêts du Trésor, et il ne semble pas qu'on puisse faire de meilleures conditions que celles qui avaient été proposées par M. Corta, puisqu'elles avaient été acceptées par les créanciers. Ces conditions sont équitables ; elles constituent une transaction honorable entre le gouvernement et la maison Jecker, tandis que l'adoption du règlement du conseil d'Etat occasionnerait au Trésor un excédant qui dépasserait 15 millions de francs.

C'est sous l'empire de ces considérations que la convention ci-jointe a été rédigée d'un commun accord avec MM. Castillo Campillo et Bonnefons ; elle a été acceptée après un assez long débat par M. Jecker, qui réclamait surtout des intérêts qui ne lui ont pas été accordés. Cette convention ne diffère de celle de M. Corta que sur un point : la distribution des produits de douanes sera faite tous les quatre mois, au lieu de l'être tous les six ; cette condition, favorable à la maison Jecker, ne peut causer aucun préjudice au gouvernement, dont elle n'augmente pas les charges.

En apposant sa haute sanction au règlement qui est soumis à son approbation, Sa Majesté aura donné un nouveau témoignage de sa loyauté à remplir les engagements du passé ; elle donnera une heureuse impulsion aux nombreuses affaires commerciales qui sont paralysées par la détresse de la maison Jecker, et elle aura sauvegardé les intérêts du Trésor, puisque les conditions obtenues sont bien plus favorables que celles qu'avait proposées un corps politique aussi éclairé et aussi haut placé dans l'opinion publique, que l'est le conseil d'Etat.

BONNEFONS.

Cette note pressante fut sans retard discutée en conseil des ministres ; elle provoqua une contre-proposition de la part du ministre des affaires étrangères. M. Bonnefons, redoublant ses exigences, avait stipulé que toutes les douanes frontières et maritimes de l'empire prélèveraient, au profit des détenteurs de bons, 20 0/0 sur les droits principaux d'importation. Il ne s'agissait déjà plus des seules recettes des ports de Vera-Cruz et de Tampico. L'armée mexicaine manquait de vivres, de chaussures et de vêtements, comme l'écrivait le président du conseil, en termes poignants, aux représentants français. Jecker passait avant tous ! M. Ramirez eut seul le courage de repousser ces prétentions excessives ; en outre, il resta plus libéral et plus prévoyant que notre mission financière : car il se refusa à rehausser les droits de 50 0/0, sentant bien d'avance que c'était tarir les sources de l'importation.

Si M. Fould avait communiqué à l'habile successeur de

M. Billault la lettre suivante de M. Bonnefons, écrite sous le coup de cet incident, ce dernier ministre eût-il pu encore s'écrier : « *L'affaire Jecker n'est pour rien dans l'expédition du Mexique ! elle n'a exercé et n'exerce aucune influence sur les événements ?* » Ces discussions d'intérêts, peu sympathiques, on peut le penser, au pays qui en avait tant souffert, n'étaient pas faites pour accroître le prestige de l'influence française.

INSPECTION GÉNÉRALE DES FINANCES. — MISSION DU MEXIQUE.

A M. le ministre des finances, à Paris.

Mexico, le 29 mars 1865.

Un ajournement dans le départ du courrier me permet de faire connaître à Votre Excellence d'importantes nouvelles. Sa Majesté a soumis au conseil des ministres le règlement entre la maison Jecker et le sous-secrétaire d'Etat des finances.

Voici quels en étaient les termes :

1° Réduction à 40 p. 100 du capital des bons Jecker, sans aucune allocation d'intérêts ;

2° Amortissement de ces bons au moyen d'un prélèvement de 20 p. 100 sur les droits principaux d'importation dans les douanes frontières et maritimes de l'Empire ;

3° Imputation de ce prélèvement sur les 50 p. 100 dont l'intervention française avait diminué les droits, et qui vont être rétablis ;

4° Remise du 20 p. 100, qui sera payé en traites au Mont-de-Piété de Mexico, chargé de les recouvrer, et qui en conserve les produits en dépôt jusqu'au moment des distributions ;

5° Distribution, tous les quatre mois, des sommes encaissées aux porteurs de bons, par adjudication au rabais.

Un seul membre du conseil, M. Ramirez, ministre des affaires étrangères, s'est opposé à l'adoption de ces conditions ; il a immédiatement formulé une contre-proposition en trois articles :

1° Réduction à 40 p. 100 du capital des bons Jecker, sans aucune allocation d'intérêts ;

2° Engagement du gouvernement de réserver chaque année un million de piastres pour l'appliquer à l'amortissement des bons;

3° Distribution de cette somme dans les quatre mois aux porteurs des bons, par adjudication au rabais.

L'acte rédigé par M. Ramirez a été transmis hier soir, à sept heures, à M. Jecker; on lui a fait savoir que, s'il y adhérait, l'Empereur le revêtait de son approbation. M. Jecker devait envoyer sa réponse ce matin à neuf heures; il a refusé, ne voulant pas acquiescer à un acte qui lui enlève les garanties que lui donnait le projet d'arrangement de M. Corta, et qui ont été copiées textuellement dans l'avis formulé par le conseil d'Etat.

Il est fâcheux que l'opposition de M. Ramirez ait suffi pour faire avorter une combinaison provenant de l'initiative de M. Corta, que le ministre de France appuyait de sa haute influence, que le commerce acceptait comme un bienfait, que le conseil d'Etat ne trouvait pas même assez favorable aux porteurs de bons Jecker, et contre laquelle il ne s'est élevé aucune objection de la part des autres ministres.

BONNEFONS.

Notre inspecteur général des finances, dix jours après avoir informé M. Fould des événements, s'adressa directement à l'Empereur : pendant ce temps, M. Jecker et les représentants de ses associés mystérieux usaient de mille stratagèmes pour approcher la personne du souverain.

Mexico, 7 avril 1865.

Sire,

L'affaire Jecker est toujours en suspens : M. Jecker n'a pas cru devoir accepter les propositions qui lui ont été transmises ; il s'en est tenu au règlement qu'il avait signé avec le sous-secrétaire d'Etat des finances.

Une solution est cependant urgente, et les créanciers croient pouvoir demander des garanties, ainsi que cela a eu lieu pour les conventions anglaises et espagnoles; ils se fondent sur ce que le gouvernement de Miramon avait décidé que les bons seraient acceptés pour leur valeur nominale, en payement de 20 p. 100 de toutes les contributions publiques.

J'ai eu l'honneur d'exposer à Votre Majesté que l'affaire Jecker se liait à de nombreux intérêts au Mexique, qu'une solution favorable donnerait un grand essor aux importantes entreprises commerciales et industrielles auxquelles M. Jecker s'était mêlé, qu'elle relèverait la situation précaire d'une foule d'artisans et de petits commerçants qui lui avaient confié leurs épargnes.

Le gouvernement français verrait avec la plus grande satisfaction l'arrangement de cette affaire, à laquelle il s'est vivement intéressé dès le début de son intervention, et qui semble devoir être un des motifs du rehaussement des droits d'importation.

J'ose espérer que Votre Majesté daignera prendre en considération les arguments que j'ai l'honneur de lui présenter; j'attends avec une respectueuse déférence la décision qu'elle croira devoir prendre.

Je suis, Sire, avec le plus profond respect,

L'inspecteur général des finances en mission,

BONNEFONS.

Cette dépêche de M. Bonnefons est digne d'intérêt : elle révèle d'une façon nette, pour la première fois, quel prix le gouvernement français, qu'on déclare s'être vivement intéressé à la créance Jecker dès le début de l'intervention, attachait à l'arrangement de cette affaire.

Le succès des négociations ne se fit pas attendre. Les droits de douane avaient été rehaussés de 50 0/0 : la question Jecker fut traitée à fond au palais impérial, dans le cabinet même de l'Empereur, dont M. Eloin, le conseiller d'Etat, était le chef. Les parties tombèrent d'accord, après plusieurs entrevues qui se succédèrent au palais, et auxquelles le ministre de France assista activement : car notre représentant avait hâte de terminer ce litige. M. Eloin, qui tenait essentiellement à ce que le contrat fût signé en sa présence, fit part des résolutions prises à M. Campillo, sous-secrétaire de l'*Hacienda*.

CABINET DE L'EMPEREUR.

Palais impérial de Mexico, 9 avril 1865.

Monsieur le ministre,

J'ai reçu la visite du ministre de France, Montholon, accompagné de M. Douzedebaise. Ces messieurs ont accepté, au nom de M. Jecker, la convention modifiée en conseil des ministres. Ils seront dans mon cabinet demain matin, à onze heures, pour la signer, ainsi que M. Jecker. Je vous prie de faire préparer cette convention en duplicata, et de prévenir M. Bonnefons qu'il prenne la peine de vous accompagner dans mon cabinet à l'heure indiquée. Si vous pensez qu'un payement mensuel serait plus avantageux, les créanciers le préféreraient. Pour ma part, je laisse ce point à votre appréciation. Sa Majesté autorise la convention modifiée en conseil des ministres; et j'espère enfin que nous conclurons demain cette désagréable affaire.

Recevez, etc.

Le conseiller d'Etat,
ELOIN.

M. Jecker avait toujours espéré une plus riche moisson, qui lui laisserait une part opulente, même après avoir désintéressé les créanciers de sa maison; mais ses associés, en hommes prudents, avaient réfléchi et pensaient que la somme offerte, 27 millions environ, permettait encore de réaliser un beau bénéfice. Il importait, avant tout, de redonner la vie aux nouveaux bons par un traité solennel, authentique, quitte à ouvrir, après sa conclusion, de nouvelles négociations. La proposition faite par M. Eloin, de se réunir dans son cabinet, plut médiocrement au ministre des finances, qui eût préféré voir traiter cette affaire contentieuse dans son département. Sa réponse témoigna du dépit qu'il éprouvait à l'annonce de cette solution du débat.

MINISTÈRE DES FINANCES, CORRESPONDANCE CONFIDENTIELLE.

Mexico, le 10 avril 1865.

Au conseiller d'Etat, chef provisoire du cabinet.

Je vous envoie en duplicata la convention arrêtée pour le payement des bons Jecker, sans aucune modification aux échéances, parce que je ne trouve aucun avantage à ce que l'amortissement se fasse mensuellement.

Il ne m'est pas possible de me rendre à votre cabinet pour signer la convention, et je ne puis m'expliquer le motif pour lequel cette opération se pratique ailleurs que dans mon ministère, ce qui eût été plus régulier.

Lorsque les intéressés auront signé, j'apposerai ma signature, et j'attendrai que vous veuillez bien me renvoyer ladite convention.

CAMPILLO.

Il était écrit que cette créance, qui portait le scandale dans ses flancs, provoquerait des scènes regrettables même dans le palais, et nous en tenons la preuve dans deux lettres de M. Eloin, faisant partie de toute cette correspondance, retrouvée dans les papiers secrets de l'empereur Maximilien, qui avait été appelé à se prononcer sur ce déplorable incident. Le premier de ces documents était ainsi conçu.

CABINET DE L'EMPEREUR.

Palais de Mexico, le 10 avril 1865.

A M. Campillo.

Monsieur,

Les conventions Jecker sont signées telles que vous me les avez transmises. Ces messieurs, après avoir perdu une journée à cause de vous, ont quitté le cabinet de l'Empereur. Si donc, en ce moment que les raisons que vous pouviez avoir *pour éviter le contact des signataires* n'existent plus, vous persistez dans votre règle de conduite, et si je n'ai pas l'honneur de vous y voir maintenant, c'est une insulte personnelle, et il n'entre pas dans mes habitudes d'en recevoir de personne. En attendant votre réponse, j'ai l'honneur de vous saluer.

F. ELOIN.

Ce premier document original ne fut pas envoyé à destination. Cette expression « le contact des signataires, » qui ne s'appliquait qu'à des Français, et qui émanait d'un palais impérial, n'avait rien de flatteur pour notre amour-propre national. M. Eloin s'arrêta à une seconde rédaction qui laissait encore à désirer sous le rapport de la courtoisie, et non moins provoquante, à l'égard du ministre des finances.

CABINET DE L'EMPEREUR.

Palais de Mexico, le 10 avril 1865.

A M. Campillo.

Monsieur,

La convention Jecker, telle que vous me l'avez envoyée à deux heures après midi, est signée en double expédition. Ces messieurs, après avoir perdu une journée à cause de vous, ont quitté le cabinet de l'Empereur.

Si des raisons, dont j'ignore la nature, vous ont guidé dans votre manière d'agir, je pense que, comme fonctionnaire et comme gentleman, il eût été tout naturel de me les faire connaître. En ce moment qu'elles n'ont plus lieu d'être, je devrais forcément considérer votre persistance à ne pas vouloir mettre les pieds dans le cabinet de l'Empereur comme une insulte personnelle, et je vous prie de croire qu'il n'entre nullement dans mes habitudes d'en recevoir de personne.

J'espère que vous voudrez bien m'expliquer une conduite qui sans doute repose sur un malentendu. En attendant votre réponse, j'ai l'honneur d'être, etc.

ELOIN.

Le sous-secrétaire d'Etat répliqua par une lettre ironiquement polie. Cette correspondance, surprenante à plus d'un titre, indique quel concours dévoué Maximilien pouvait attendre de ses plus proches conseillers! Car, en cette circonstance, un intérêt déguisé, joint à l'excessif orgueil de M. Eloin, avait suffi pour troubler la bonne harmonie. Elle démontre aussi la fâcheuse influence exercée par ce conseiller belge sur l'ensemble du règne, où par sa haute situation, toute de confiance intime, il eût dû faire tourner son ascendant au profit de la conciliation et de la dignité dans le sein du palais impérial.

MINISTÈRE DES FINANCES. — RÉSERVÉ.

Mexico, le 10 avril 1865.

A M. Eloin.

Cher monsieur,

J'ai reçu votre agréable lettre, et j'y réponds en déclarant que ma non-présence en votre cabinet n'a pu avoir pour objet une offense quelconque, puisque je n'ai jamais reçu de votre part que des preuves de sympathie et de considération. Si j'ai procédé de cette façon, c'est qu'il m'incombait de soutenir le bon renom du gouvernement suprême, en me refusant à traiter ailleurs une affaire ne concernant que des étrangers, qui auraient dû avoir la bonté de se réunir dans mon ministère pour conclure ce contrat.

Si les intéressés m'ont attendu, ce n'est pas ma faute, puisqu'à onze heures moins un quart, avant de me rendre à, Chapultepec, je vous ai fait remettre la convention Jecker, en vous informant des motifs qui s'opposaient à ma venue, et que je vous priais en même temps de me renvoyer l'acte, aussitôt revêtu de la signature de ces messieurs.

Ce qui précède, monsieur Eloin, vous convaincra que je n'ai eu aucune intention blessante, et j'espère que cette explication vous satisfera.

J'ai le plaisir de me redire, comme toujours,

CAMPILLO.

Quoique M. Campillo fût doublement dans son droit, M. Eloin, peu satisfait du rôle qu'il avait joue, rendit compte le même jour, à son souverain, de la conduite de M. Campillo, appelant sur lui la sévérité impériale; il annonçait en même temps à l'Empereur la ratification de la convention par M. Jecker.

CABINET DE L'EMPEREUR.

Palais de Mexico, le 10 avril 1865.

Sire,

La convention Jecker a été signée par MM. de Montholon, Jecker et Douzedebaise, ce dernier comme fondé de pouvoir des créanciers. Ces messieurs ont de nouveau attendu que M. Douzedebaise est (*sic*) allé prier M. Campillo de venir signer comme les autres. M. Campillo a promis de se transporter immédiatement chez moi, et, au lieu de venir, il a fini par écrire que rien ne s'opposait à ce qu'il signât la convention, mais qu'on devait la lui envoyer. L'offense était grande pour tout le monde, et M. de Montholon s'en est expliqué très chaudement. Tous ces messieurs sont partis maugréant contre le jeune sous-secrétaire, qui leur avait fait perdre une journée la veille du départ du courrier.

Sa Majesté verra, par les détails de la correspondance ci-jointe, les détails de cette affaire, qui prouvent combien sont grossiers ces jeunes gens. Quant à moi, personnellement, j'en suis très mortifié, et je pense que Votre Majesté se.....

La lettre de M. Eloin était restée inachevée. L'Empereur, ayant paru en personne, avait calmé les susceptibilités mises en jeu. Pourtant, en se retirant très affligé de cette scène, Maximilien emporta la satisfaction d'avoir appris que la créance Jecker était réglée sur le papier. De son côté, M. Bonnefons se hâta d'annoncer cette solution tant désirée à M. Fould.

INSPECTION GÉNÉRALE DES FINANCES. — MISSION DU MEXIQUE.

Mexico, le 10 avril 1865.

A M. le Ministre des finances, à Paris.

. . . .

J'annonçais à V. E. que je comptais lui faire connaître prochainement la conclusion de l'affaire Jecker; elle a eu lieu ce soir même. M. Jecker s'est décidé, pour éviter une faillite imminente, à accepter les conditions que lui offrait le gouvernement mexicain. Je les transmets textuellement ci-dessous :

1° Le capital de chaque bon Jecker subira une réduction de 60 0|0 ; ces bons ne jouiront d'aucun intérêt;

2° Une somme de 1 million de piastres sera réservée pour l'amortissement de cette dette dans les conditions suivantes :

3° On ouvrira tous les quatre mois une enchère pour amortir les bons au plus offrant, en les admettant au plus pour leur valeur nominale de 40 0/0.

4° La maison Jecker s'engage à obtenir des autres possesseurs de bons leur acquiescement à cet arrangement.

On peut donc dire que l'affaire est réglée, et je considère cette solution comme un triomphe pour la politique de la France. *Reste à savoir si le gouvernement mexicain pourra remplir ses engagements avec les ressources bornées dont il dispose, en présence d'un déficit qui ne peut être inférieur à* 50,000,000 *fr., sans compter cette nouvelle charge qui pèsera sur ses finances.*

J'ai dit à V. E. que j'avais dû m'occuper de la créance Jecker, pour me conformer à la volonté de l'Empereur, aux désirs de M. de Montholon, aux instances de nos nationaux. J'ai constamment marché d'accord avec M. le ministre de France, qui tenait à vider cette question avant son départ pour Washington; je savais d'ailleurs que notre gouvernement attachait le plus grand prix à ce que la réclamation Jecker ne fût pas comprise avec celle de nos nationaux, à ce qu'elle fût traitée comme une affaire mexicaine.

BONNEFONS.

Voici une missive qui révèle bien des détails importants à constater. M. Bonnefons, qui n'avait qu'un devoir, celui de se conformer à ses instructions, à la volonté de l'Empereur, pouvait se persuader que la solution de l'affaire Jecker devait être considérée comme un triomphe pour la politique de la France. A son point de vue financier, il avait mené, ou croyait avoir mené la question à bonne fin. Toutefois, nous souhaitons à notre pays peu de victoires semblables! La suite des événements donna d'ailleurs un cruel démenti à ces espérances : ce sont les porteurs d'obligations mexicaines qui ont indirectement soldé de leurs deniers la somme qui a été comptée à l'ancienne maison suisse. Quant au point de vue politique, on ne s'aperçut donc pas que ce traité était une protestation, incomplète encore, mais sanglante, du droit contre l'injustice ; car la France elle-même n'avait réclamé d'un gouvernement créé par ses mains, tout disposé, en conséquence, à souscrire à ses désirs, que 40 0/0 de la somme énorme qu'elle avait condamné le président Juarez à payer en totalité à la maison Jecker, sous peine de voir son pays désolé par nos armes. On avait traité au rabais, cette fois, et ce ne devait pas être la dernière opération de ce genre. Quelle série de sacrifices douloureux pour en arriver à se déjuger soi-même! Voici que M. Bonnefons nous apprend à cette heure que « le gouvernement français attachait le plus grand prix à ce que la réclamation Jecker fût traitée isolément comme une affaire mexicaine. » Mais alors, de quel droit s'en est-il occupé dès l'origine? Quelle confusion étrange et douloureuse a donc commise la légation française quand elle affirmait avoir reçu coup sur coup des instructions précises de son gouvernement, et quand elle écrivait à M. Zarco que l'affaire Jecker «était la seule qui pût susciter de graves difficultés entre les deux nations?»

De plus, il faut prendre acte d'une déclaration de la plus haute gravité, consignée dans ce document par l'inspecteur général français en mission, à son ministre, M. Fould, et cela déjà à la date du 10 avril 1865! «*Il reste à savoir si le gouvernement mexicain pourra remplir ses engagements avec les ressources bornées dont il dispose, en présence d'un déficit qui ne peut être inférieur à* 50,000,000, *sans compter cette nouvelle charge qui pèsera sur ses finances.*» Quand nous traiterons des emprunts postérieurs à cet aveu explicite, irréfutable, qui ne laissait plus aucune illusion au cabinet français sur la puissance des ressources du nouvel empire, nous évoquerons alors les discours des ministres et les récits de M. Corta sur des budgets fantastiques qui ont précipité une grande partie des épargnes de nos villes et de nos campagnes dans le gouffre mexicain [1].

L'affaire Jecker ainsi conclue, M. Bonnefons rentra en France, et M. de Montholon, remplacé à Mexico par M. Dano, se rendit à son nouveau poste de Washington.

IV

La maison Jecker avait remporté une victoire, chèrement achetée par nos armes, sur la morale et l'équité! Elle avait obtenu déjà, à elle seule, plus que nos véritables nationaux:

[1] Nous comprenons toute la douleur qu'a dû éprouver M. Fould à la réception de cette dépêche, qui était tracée le jour même où ces éloquents orateurs dévoilaient les richesses inépuisables du Mexique.

un règlement qui affirmait la validité de son prétendu droit. Pourtant le but de ses efforts n'était pas encore atteint. Il est vrai que le pas le plus difficile avait été franchi. La dernière convention avait fait revivre un papier mort, mais les porteurs de bons étaient trop clairvoyants pour ne pas deviner, à l'aspect des convulsions du pays, que le nouvel ordre de choses était déjà touché au cœur. D'autre part, on avait appris qu'un appui tout puissant venait de disparaître de la scène de ce monde. Il y avait donc urgence à réaliser en un seul bloc un capital que des règlements partiels ne préserveraient pas d'une catastrophe générale. Un nouveau ministre des finances, M. César, avait succédé à M. Campillo. Des négociations secrètes furent entamées avec lui; il s'agissait de substituer un payement instantané des bons Jecker à un remboursement à échéances prolongées. Au besoin, on était prêt à faire des sacrifices immédiats, pour arriver à un prompt résultat.

M. César, le nouveau sous-secrétaire d'État, était un ministre fertile en expédients. L'État s'était reconnu débiteur de 27,703,770 francs envers M. Jecker, qui avait déjà reçu, sous l'empire du règlement d'avril, un terme s'élevant à 1,543,770 fr.. Restaient dus par l'État 26,160,000 fr. L'ancien banquier suisse, toujours bien informé, n'ignorait pas que la caisse de la Commission mexicaine qui fonctionnait à Paris, contenait encore une somme provenant des 500,000 obligations (1re série), et attribuée en propre au Mexique. L'occasion était favorable, et puisque le Trésor national était épuisé, il était fort simple de remettre à M. Jecker des *libranzas* (traites) sur la Commission mexicaine de Paris. Mais M. César donna à comprendre aux intéressés que l'octroi d'une pareille faveur, qu'il se chargeait d'obtenir de l'Empereur, méritait d'assez grandes compensations au profit de la nation, qui allait se priver de millions destinés à sa régénération. Après bien des tiraillements et loin de la surveillance française, qui eût pu formuler ses représentations à Maximilien, au sujet de l'emploi des fonds déposés à Paris, un contrat notarié fut secrètement passé entre M. Jecker et M. César, le nouveau ministre, qui obtint en cette circonstance de son souverain un acte de condescendance fâcheuse et regrettable à tous égards, si on ne consulte que le don qui fut fait par Jecker d'un riche domaine, situé près de Cuernavaca, et cela sous le nom de l'État. Ce document inédit vient aussi prouver que non-seulement la France a dépensé son or et son sang pour le triomphe de la société Jecker, mais encore que l'argent des souscripteurs d'obligations a servi à satisfaire aux calculs d'une spéculation.

En échange de traites sur Paris, à échéance de 45, 105, et 120 jours, l'ancienne maison suisse consentit une remise de 3,500,000 francs, fit donation au gouvernement de certaines valeurs, de l'hacienda de Michiapa entre autres, estimée à deux millions de francs, et s'engagea à la construction de nouvelles lignes télégraphiques sur les routes de l'Empire, dans un espace de deux ans. Elle envoya le nouveau possesseur anonyme en possession immédiate de l'hacienda, et elle en remit les titres de propriété séance tenante. Toutes ces donations, qui avaient pour but d'obtenir le payement de millions en argent comptant, paraissent, à bon droit, aussi suspectes que l'opération elle-même, si on consulte la teneur de l'acte authentique.

ACTE NOTARIÉ

En la capitale impériale de Mexico, le 25 août 1865, par devant moi, notaire du Trésor public et notaire public impérial, et les témoins, est comparu M. Jean-Baptiste Jecker, en qualité de représentant de la société nommée J.-B. Jecker et Ce, porteur de son certificat, et que je certifie connaître ; il a exposé : qu'il vient de conclure avec M. le sous-secrétaire des finances un contrat que S. M. Maximilien Ier a daigné approuver le vingt-trois courant, pour le payement de la créance que la susdite compagnie a sur le Trésor, provenant du règlement fait le 10 avril de la présente année, touchant les bons connus sous le nom de *bons Jecker*; et que le comparant, devant procéder à la passation de l'acte public y relatif pour son accomplissement ponctuel et exact, objet pour lequel le ministère des finances a adressé au notaire soussigné l'ordre annexé à cette minute, le comparant, au nom et en représentation de la maison ou société susnommée, le met à exécution dans les voies et formes les meilleures qui aient lieu et droit ; et en conséquence, il passe acte, qu'il a fait et conclu avec le gouvernement de S. M. I. le contrat susindiqué, sous les clauses moyennant lesquelles le règlement a été approuvé, dont copie, signée par le chef de la section correspondante dudit ministère des finances, demeure annexée aux présentes, et je certifie que la teneur est comme suit :

« Nous approuvons le règlement fait entre notre sous-secrétaire des finances et MM. J.-B. Jecker et Cie dans les termes suivants : La créance de MM. J.-B. Jecker et Cie demeure réduite à la somme de vingt-six millions cent soixante mille francs (26,160,000), sur lesquels il fait remise au gouvernement de 3,500,000 ; il lui reste dû 22,660,000 fr., somme qui lui sera payée dans les termes suivants :

	SOMME restant due par l'État à Jecker.
» En traites sur Paris, le 15 octobre prochain..	7,660,000 fr.
» En traites sur Paris, au 15 décembre prochain	5,000,000
» En argent, le 31 décembre prochain, par les produits dont ont connaissance lesdits créanciers ; le gouvernement demeurant obligé à compléter cette somme, à défaut de ces produits.	
» Par des traites sur Paris, au 15 février prochain..	10,000,000
Total égal.........	22,660,000

» MM. J.-B. Jecker et Cie, en recevant les sommes précitées, soit en traites, soit en argent effectif, délivreront une quantité de bons dits bons Jecker, correspondant à chacune des sommes qu'ils recevront, à la valeur légale qui leur a été attribuée par le contrat qui précède; de façon que lesdits créanciers pourront ainsi garder en leur pouvoir la quantité de bons qui correspond aux 10,000,000 fr. qu'ils doivent recevoir le 31 décembre, lesdits bons leur servant ainsi de garantie pour ce dernier payement. MM. J.-B. Jecker et Cie, à titre de compensation pour l'anticipation de payement qui leur est faite par le gouvernement suprême, outre le rabais de 3,500,000 fr. qu'ils font sur leur créance, font, au même gouvernement, donation des valeurs suivantes : la ligne télégraphique de Mexico à Léon, déjà établie, et des lignes suivantes qu'ils sont tenus d'établir : ligne de Mexico à Tampico, en passant par Pachuca, Tulancingo, Yacualtipan, etc.; ligne de Léon à Guadalajara; ligne d'Amozoc, par Jalapa, à la Vera-Cruz; ligne de Mexico à Cuernavaca. Et, enfin, lesdits MM. Jecker et Cie cèdent en propriété, au gouvernement, l'*hacienda de Michiapa*, dans le district de Texcala, à douze lieues de Cuernavaca, d'une contenance de 145,077,248 vares[1] carrées de surface, avec abondance d'eau, de bois et de terres labourables. Ces valeurs devront être livrées par MM. Jecker et Cie, savoir : l'*hacienda*, immédiatement; la ligne télégraphique de Mexico à Léon, au mois de janvier prochain; les autres lignes susmentionnées, qui sont à construire dans un délai de deux ans à compter d'aujourd'hui, en fournissant les garanties nécessaires pour leur accomplissement ponctuel de cette obligation. De son côté, le gouvernement concède exemption des droits d'importation pour les matériaux que MM. Jecker et Cie devront introduire dans l'empire pour l'établissement desdites lignes télégraphiques.

« Donné à Mexico le vingt-trois août mil huit cent soixante-cinq. — MAXIMILIEN. — Pour copie de l'original qui existe dans ce ministère. Mexico, le 25 août 1865. Le chef de la section, José M. Calvo. »

Sous lesquelles conditions, clauses et choses requises, MM. J.-B. Jecker et Cie déclarent parfait et définitivement réglé le contrat susrelaté, sans donner à ses clauses de sens ni d'interprétation autres que ceux qu'elles ont littéralement; et le comparant, pour la compagnie qu'il représente, s'oblige à l'observer fidèlement et

[1] Mesure espagnole de trois pieds de long.

ponctuellement, maintenant et en tout temps, et à ne jamais réclamer contre lui, sous aucun prétexte ni motif, sous peine que, par le seul fait de le tenter, il ne sera pas écouté ni judiciairement, ni extrajudiciairement. Dès à présent, il se dessaisit de la possession du droit de propriété qu'il a eu et qui lui appartient sur la susdite *hacienda de Michiapa*, et il le cède, et transporte tout entier, avec toutes ses actions, au gouvernement de Sa Majesté Impériale, pour qu'il en dispose et en use, à partir de ce moment, à sa volonté, et qu'il en prenne et se saisisse de la tenance et possession réelle qui, en vertu du présent contrat, lui appartient de droit; se constituant dans l'intervalle pour son locataire détenteur en forme légale; le présent document devant lui servir de titre translatif de possession, s'il le juge à propos; et le comparant oblige la société qu'il représente à l'érection et à la garantie dans la forme légale de l'accomplissement efficace des autres stipulations du contrat. .

. . . .

. . . .

Et étant présent le sous-secrétaire des finances, F.-P. César, que je certifie connaître, après avoir eu connaissance de la teneur du présent acte que je lui ai lu intégralement, il a dit : qu'au nom du gouvernement impérial il l'accepte selon son contenu, en promettant d'observer les stipulations qu'il contient. C'est en ces termes qu'ils ont passé acte et signé, étant témoins MM. Don Joachim Avendano et mes collègues José Vicente Pina et José Ruiz Guzman, demeurant en cette ville, ce que je certifie.

F.-P. CÉSAR. : J.-B. JECKER ET Ce; PEREZ DE LARA, notaire public et des finances.

Ce contrat secret fut suivi d'un second acte consenti par la maison Jecker, et destiné à écarter les dernières difficultés, pouvant faire obstacle à la délivrance des précieuses traites.

En date du 9 septembre 1865, MM. J.-B. Jecker et Cie ont passé un acte public, par lequel ils ont spécialement hypothéqué les forges de San Miguel et de San Antonio, situées dans la juridiction de Yacualtipan, et dont ils sont propriétaires, pour assurer et garantir au gouvernement du Mexique l'accomplissement fidèle des obligations qu'ils ont contractées à raison de l'établissement des lignes télégraphiques auxquelles se réfère l'acte public du 25 août 1865. Les forges valent plus de 400,000 piastres.

La donation de cette *hacienda*, d'un tronçon de ligne télégraphique déjà construite par les soins de notre armée; la concession d'hypothèque sur ces forges, attestent que la détresse de la maison Jecker n'était pas plus sérieuse que ses promesses irréalisables d'établissement d'un réseau télégraphique. C'était vraiment abuser de la religion du souverain (qui pouvait croire un instant que, s'il se privait de millions nécessaires à son pays, du moins cette nouvelle transaction assurerait le développement des travaux publics), que d'oser s'engager à la création de lignes télégraphiques sur une étendue aussi vaste, aussi accidentée, à travers des pays déserts et dévastés un jour par la guerre civile, le lendemain par des bandes sans cesse renaissantes, surtout dans les parages de la Sierra. Mais le raisonnement de M. Jecker était indiqué par la force des choses. Ne se faisant aucune illusion sur le succès de l'intervention, il ne devait songer qu'à capitaliser en Europe, convaincu d'avance qu'il était, que le retour des libéraux triomphants lui serait funeste, s'il n'avait la précaution d'évacuer à temps le territoire mexicain. Qu'importait alors d'hypothéquer des domaines invendables, appelés à être saisis en revendication après la chute de l'Empire ?

Des traites, s'élevant à une valeur de 12,660,000 fr., furent présentées à Paris à M. de Germiny, président de la Commission mexicaine, qui les acquitta. Ce payement imprévu excita une pénible surprise chez le Gouvernement français, qui comptait sur d'autres ressources que les fonds de l'emprunt mexicain pour satisfaire les créanciers Jecker. A partir du jour où ces 12,660,000 fr. eurent été comptés en des mains étrangères, il faut reconnaître que le cabinet français abandonna à elle-même cette créance, par un brusque revirement que lui seul peut expliquer. De plus, sa surprise se traduisit bientôt, par l'organe de M. Fould (1), en reproches adressés à la cour du Mexique. Maximilien en resta fort ému, lorsqu'il en eut pris connaissance à Chapultepec.

CABINET DE L'EMPEREUR. — CONFIDENTIEL.

22 décembre 1865.

A M. César, ministre de l'Hacienda.

S. M. l'Empereur m'ordonne de vous dire de lui remettre, dans *le plus bref délai possible*, les dossiers tant du premier que du second arrangement conclu avec Jecker, en les accompagnant d'une relation historique de cette affaire. De plus, Sa Majesté a su, par le dernier courrier d'Europe, que non-seulement le dernier règlement a été mal reçu par le Gouvernement français, mais encore que ce dernier lui est entièrement contraire. Enfin, cela a fait très-mauvais effet à Paris, et Sa Majesté désire connaître tout l'historique de cette question.

Par ordre . DE VICENTIIS.

Ce projet d'étude était un peu tardif. De son côté, la maison Jecker ne perdait pas de vue l'échéance promise du 15 février, et chaque jour réclamait l'exécution de son contrat. Le Trésor s'avouant vide à Mexico, elle demandait des traites sur Paris, pour le reliquat de dix millions. Afin de ne fournir aucun prétexte aux ajournements, dès le 13 octobre 1865 elle avait versé à la caisse centrale du ministère des finances la somme complémentaire des bons qu'elle devait échanger.

Mais les ordres émanés de Paris étaient formels. M. Langlais, conseiller d'Etat en mission, qui avait succédé à M. Bonnefons avec des pouvoirs plus étendus, avait repris l'affaire Jecker en sous-œuvre, et avait déclaré que la Commission des finances mexicaines ne pourrait plus payer. M. César, l'auteur de la dernière convention, ne se décourageait pas, et pressé par

(1) Cette lettre, du ministre des finances, a été lue par M. Rouher devant le Corps législatif.

des banquiers de Mexico, qui représentaient entre autres les maisons A. Gautier, et Hottinguer par procuration[1], renouvelait une demande à Maximilien en faveur des intéressés. Ce ministre de la couronne proposait de nouveau, au moment où l'armée mexicaine manquait de solde sur presque tous les points du territoire, d'allouer encore à M. Jecker le reste des fonds disponibles à Paris sur l'emprunt mexicain !

Ministère des Finances.

Mexico, 30 décembre 1865.

Sire,

Le 26 du mois dernier, j'eus l'honneur d'informer Votre Majesté, d'après la requête que je lui adressais en même temps, que MM. J.-B. Jecker et Cie demandaient qu'on leur remît en traites sur Paris, au 15 février prochain, les *deux millions* de piastres formant le solde de la somme stipulée dans le règlement approuvé par Votre Majesté à la date du 23 août dernier, en supposant qu'il ne convînt pas au gouvernement de leur faire cette remise en argent. Mais comme cette somme n'existait pas dans la caisse centrale, qu'elle n'était pas non plus à la disposition de la Commission des finances mexicaines à Paris, par suite des traites délivrées au profit du Trésor français pour le couvrir des sommes versées à ladite caisse centrale par le payeur Jupeaux ; comme il était convenu, en outre, que le Trésor français, lui seul, recevrait des traites sur les fonds disponibles de l'emprunt, je priais Votre Majesté de vouloir bien me dire si l'on pouvait porter au crédit de Jecker le reste dudit emprunt, ce qui rendrait indispensable une entente préalable avec S. E. M. le maréchal Bazaine dont je demanderais l'assentiment, si Votre Majesté daignait en décider ainsi.

M. Jecker vient fréquemment pour savoir le résultat de sa pétition, en me rappelant que de là dépend pour lui la faculté de remplir les engagements qu'il a encore envers quelques-uns de ses

[1] Ces signatures se trouvent sur un acte collectif, rédigé pour obtenir la délivrance des secondes traites sur Paris, en date du 24 janvier 1866.

créanciers. Je supplie Votre Majesté de bien vouloir me communiquer sa résolution à ce sujet, afin que je puisse en donner connaissance à l'intéressé.

Sire, etc.

Le sous-secrétaire des finances,

F. P. CÉSAR.

L'empereur Maximilien résista longtemps aux obsessions de M. César : enfin, il se décida, malgré une conversation infructueuse avec M. Langlais, appelé au palais de Chapultepec, à faire redemander son assentiment à ce haut fonctionnaire.

CABINET IMPÉRIAL.

Chapultepec, 3 janvier 1866.

A M. Langlais, conseiller d'État.

Monsieur le conseiller d'État,

Sa Majesté me charge d'avoir l'honneur de vous transmettre ci-joint le document ayant trait au payement de dix millions de francs à la maison Jecker et Cie, au 15 février 1866, et vous prie de le retourner avec avis.

Par ordre : DE VICENTHS.

Il faut noter en passant que les termes de ce document indiquent que Maximilien n'avait pas voulu reconnaître à M. Langlais le titre de ministre des finances au Mexique, qui lui avait été octroyé à Paris. La réponse du conseiller d'État fut négative, et l'Empereur se borna à écrire, au bas de la requête Jecker qui lui avait été renvoyée, ces quelques mots au crayon bleu :

« Ce n'est pas le moment. Les ressources actuelles du Trésor ne le permettent pas. Maximilien. — 22 janvier 1866. »

Maximilien conçut un amer ressentiment de n'avoir pu faire

honneur à sa signature, par suite de l'opposition de M. Langlais à ses désirs. Après avoir fait réunir toutes les pièces du dossier de cette triste affaire, il les enferma dans son bureau, condamnant ainsi à l'oubli un souvenir pénible. Mais pas une semaine ne s'écoulait sans que quelque nouvelle requête de Jecker et de ses associés ne se frayât passage jusqu'aux marches du trône. Le 15 février 1866, les créanciers de Jecker, qui n'étaient pas encore désintéressés, en appelaient de l'empereur Maximilien à l'empereur Napoléon par l'envoi d'un acte collectif. Un changement de cabinet avait eu lieu à Mexico. Le nouveau président du conseil, M. de Lacunza voulut intervenir dans cette question qui se réveillait sans cesse, grâce à mille manœuvres, et crut pouvoir en réclamer le dossier, resté entre les mains de Maximilien.

A l'Empereur.

Mexico, 25 avril 1866.

Sire,

Il est nécessaire que je consulte le dossier relatif aux bons Jecker et auxconventions qui s'y rattachent. L'ancien cabinet de Votre Majesté l'a reçu des mains de M. César, le ministre des finances, avec un rapport circonstancié, en date du 27 décembre dernier. Je supplie Votre Majesté, si elle le juge convenable, de faire remettre toutes ces pièces à la Direction civile du secrétariat privé.

Sire, etc.

Le président du Conseil : JOSÉ DE LACUNZA.

Quatre jours après, M. de Lacunza reçut cet avis du cabinet impérial.

29 avril 1866.

Monsieur le président,

J'ai mis sous les yeux de Sa Majesté votre note du 25, relative au dossier Jecker. Sa Majesté me charge de vous faire savoir qu'elle vous le remettra personnellement, de la main à la main.

Par ordre : DE VICENTIIS.

Ici s'arrête la correspondance impériale et mexicaine relative à cet épisode désastreux de l'intervention. A cette époque, la banqueroute était déjà menaçante, et les malheurs s'amoncelaient sur le trône mexicain. Le spectacle lamentable de désastres précipités n'arrêtait pas les avides convoitises des associés Jecker. Comme nous l'avons dit ailleurs, au milieu de ce grand naufrage où s'engloutissaient une monarchie éphémère, la raison d'une malheureuse princesse, le prestige, le sang et l'or de la France, cette monstrueuse créance surnageait toujours ! L'évacuation était commencée, la douleur était la seule compagne de Maximilien dans le palais de Chapultepec, que la créance Jecker s'agitait encore aux portes de la résidence impériale. Quelle lourde couronne, hérissée d'épines, que celle qui ornait le front du petit-fils de Charles-Quint ! La maison suisse lança un nouveau mémoire, en date du 15 septembre 1866, à l'heure où les intimes de la cour prévoyaient déjà le départ de Maximilien pour l'Europe.

Un quatrième financier français, M. de Maintenant, était entré en scène, après la mort de M. Langlais, emporté par la maladie. Cette dernière lettre, émanée de sa plume, résume toutes les phases de cette question qui a semé la discorde entre les deux mondes : elle donne aussi le secret de la convention d'août, par laquelle M. César a converti la dette Jecker en traites sur la Commission des finances mexicaines.

INSPECTION GÉNÉRALE DES FINANCES. — MISSION DU MEXIQUE.

Mexico, le 22 septembre 1866.

Pour répondre au désir que m'a témoigné Votre Excellence, j'ai l'honneur de lui envoyer les renseignements suivants relatifs au règlement de la créance Jecker.

Ce règlement a été préparé par M. Corta, et terminé par M. Bonnefons, au mois d'avril 1865, avec réduction de cette créance à 40 0/0 du capital primitif; cette créance, ainsi réduite à la somme de 27,703,770 fr., devait être payée en cinq années par le Gouvernement mexicain.

Comme vous le verrez, le Gouvernement mexicain devait, aux termes de cette convention, payer chaque année, pendant cinq ans, une somme de 5,000,000 fr. pour l'extinction de cette dette, ou, tous les 4 mois, 1,666,666 fr., devant être employés au rachat au rabais des bons Jecker.

Un seul terme fut payé sous l'empire de ce règlement, pour 1,543,770 fr. et la créance Jecker se trouvait ainsi réduite à la somme de 26,160,000 fr. lorsqu'intervint la convention du 23 août 1865, passée par M. César, sous-secrétaire d'État des finances de l'empereur Maximilien. Aux termes de cette convention, qui s'est faite sans que les agents représentant le Gouvernement français aient été consultés, et au moment où l'arrivée de M. Langlais était déjà officiellement annoncée, on substituait au payement en cinq années, combiné en vue de ménager les ressources du gouvernement mexicain, le payement immédiat de cette créance, réduite de 26,160,000 fr., à 22,660,000 fr., réduction de 15 0/0 environ et de 8 0/0 seulement, si l'on tient compte des intérêts à courir pendant la période quinquennale primitivement fixée pour le rachat de ces bons.

En exécution de cette convention, le 14 septembre 1865, une traite de 12,660,000 fr. fut délivrée au profit de M. Jecker sur la Commission des finances mexicaines de Paris qui l'a acquittée. Une seconde traite de 10,000,000 fr. devait être délivrée le 10 du mois de décembre suivant; mais la remise n'a pas eu lieu sur les observations de M. Langlais qui fit connaître à l'Empereur la situation de la Commission des finances mexicaines et l'impossibilité où serait cette Commission d'acquitter cette délégation.

De pressantes démarches ont été faites près de M. Langlais pour aviser aux moyens de faire payer à M. Jecker ces deux millions de piastres; mais ces démarches auxquelles M. César, auteur de cette convention, n'était pas étranger, sont restées sans résultats.

Le règlement de la créance Jecker, tel qu'il a été établi par M. César, sous-secrétaire d'État des finances, avec l'approbation de l'empereur Maximilien, s'est ainsi fait sans intervention aucune des agents français ; ce règlement a été, de plus, préjudiciable aux intérêts du gouvernement mexicain, car on privait ainsi sans nécessité ce gouvernement de ressources disponibles dont il avait grand besoin. M. César, seul, peut et doit être rendu responsable de la convention d'août *qui accuse son administration et a donné lieu à des insinuations graves contre sa probité.* M. Langlais s'était prononcé énergiquement contre ce règlement, et a même, à plusieurs reprises, sollicité de Sa Majesté le renvoi de M. César à raison de ce fait.

Pour compléter les renseignements sur cette affaire, je dois ajouter qu'en faisant ce traité, M. Jecker garantissait la construction de plusieurs lignes télégraphiques, et cédait en toute propriété au gouvernement mexicain l'hacienda de Michiapa, située à quinze lieues de Cuernavaca. Je ne connais ni la valeur ni la contenance de cette propriété.

J'ai l'honneur d'être, etc.

L'inspecteur général des finances,

DE MAINTENANT.

L'ancien ministre des finances était sévèrement jugé. Conséquent avec lui-même, que M. Jecker, qui a suivi la retraite de notre armée, comme il avait suivi sa marche en avant, réclame aujourd'hui à la France le solde des 10 millions que Maximilien a reconnu devoir lui être comptés ! M. Jecker ayant été naturalisé français, la logique veut qu'il intervienne au règlement des indemnités dont la caisse publique est détentrice.

Dans la séance du samedi 22 juin 1867, M. Rouher, ministre d'Etat, s'était écrié avec son éloquence émue : « Le gouvernement français a été absolument étranger à la négociation qui s'est faite en 1866 des créances Jecker. Non-seulement il a voulu y rester étranger, mais il a protesté contre ce traité. »

En présence de toute la correspondance officielle que nous venons de reproduire, que penser de la portée d'une pareille assertion si solennelle ? Disons que M. Rouher a saisi avec bonheur l'incertitude du député M. Picard, parlant de la convention qu'il faisait remonter au 10 avril 1865 ou 1866 ; et alors le ministre a déclaré au Corps législatif que le Gouvernement était resté étranger à la négociation de 1866.

M. le ministre d'Etat ignorait-il qu'il n'était intervenu aucune nouvelle transaction en 1866 ? La question Jecker avait été définitivement résolue par l'acte notarié du 23 août 1865, contre lequel notre gouvernement avait en effet protesté, par suite du payement des premières traites présentées à la Commission mexicaine. Mais cet acte secret avait succédé lui-même à la convention du 10 avril 1865, celle qui avait été évoquée par M. Picard et qui avait été résolue en entier à Mexico par les soins des agents français.

Cet historique, brutal par les faits eux-mêmes, demeurera une triste page du drame de l'intervention française. De l'éloquence des ministres du second Empire, nous le demandons, que reste-t-il ?

Pour nous, après examen de tous ces documents, il nous semble impossible, immoral même, que les 12 millions et demi qui ont été soldés indûment à M. Jecker ou à ses complices, avec l'argent provenant des emprunts *facilités* par notre Gouvernement, ne soient pas restitués par l'État lui-même à l'actif des souscripteurs des emprunts mexicains, dont nous allons rétablir tout à l'heure le véritable bilan. Nous nous proposons d'examiner en même temps si les millions obtenus de la confiance publique ont réellement servi à développer la prospérité du Mexique.

LES INDEMNITÉS FRANÇAISES

ET

LES EMPRUNTS MEXICAINS

DEUXIÈME PARTIE

I

Une des grandes illusions qui, sans contredit, ont le plus contribué à entraîner les armes françaises au Mexique, en 1862, avait pris naissance dans les récits merveilleux des voyageurs et des aventuriers qui avaient foulé le sol de la Sonora, de la Californie et surtout du Mexique. A en croire leur esprit inventif, ce dernier et vaste empire, dont les pieds sont baignés par l'Océan Pacifique et par le golfe, dont le front est couronné de neiges éternelles qui, sous un soleil torride, se changent en ruisseaux bienfaisants, dont les flancs sont riches en métaux inépuisables, et dont le sol étagé est favorable à toutes les cultures, apparaissait aux Européens comme une terre promise, digne des convoitises les plus ardentes. Cette soif de l'inconnu se communiqua bientôt aux États comme aux particuliers. L'émigration dans les Amériques, tel fut désormais le but des imaginations rêveuses comme des Gouvernements amis des hasards. A coup sûr, la volonté qui préside aux destinées de la France eût autrement résisté à ce dangereux courant d'idées, si elle avait pu deviner ou connaître exactement les misères cachées d'un pays sur lequel une fausse réputation d'opulence avait laissé tomber un voile trompeur. On se souvenait trop des millions de piastres que les lourds galions castillans apportaient jadis du pays de Montezuma au palais des souverains de toutes les Espagnes ; on se complut dans l'espérance d'un retour facile aux splendeurs du passé, du développement de richesses laissées stériles dans les entrailles et à la surface de la terre, enfin d'une exploitation de trésors naturels dont la France serait appelée à recueillir sa part, si elle réussissait, par son habileté, à donner, de sa propre main, un souverain civilisateur au Mexique, tourmenté de convulsions. Les réparations dues à nos nationaux, pour dommages subis au Mexique dans leurs personnes ou dans leurs intérêts, semblaient fournir un prétexte suffisant pour permettre à la France de se frayer un passage jusqu'à la capitale de cette république.

Sur ces deux points, le gouvernement français s'abusait cruellement !

Nous allons voir que le but et le prétexte de notre descente étaient aussi peu fondés l'un que l'autre. Et d'abord, le prétexte invoqué par notre diplomatie était-il légitime ? S'il était équitable de réclamer l'exécution de conventions solennelles, librement consenties, il convenait moins d'apporter la guerre à un Gouvernement étranger, qui, quoiqu'impuissant en réalité à réprimer des injures causées à nos compatriotes, avait consenti des réparations à leur égard, et chez qui la bonne volonté d'y satisfaire n'était égalée que par le dénûment certain de ses finances. Car la population mexicaine, déchirée par la guerre civile depuis quarante ans, s'était épuisée en contributions de guerre, en impôts extraordinaires, en rançons gaspillées successivement par les partis et les coureurs de chemins. Nous avons vu que la république manquait même de l'argent nécessaire pour solder les frais de route de ses ambassadeurs ! Les plantations désolées ou laissées en friche s'étaient dépeuplées comme les villes. Des provinces entières, dévorées par la végétation, comptaient six habitants par lieue carrée ! La dette intérieure, sous Miramon, s'était accrue dans des proportions insensées. C'était là le pays dont les richesses magnétiques attiraient, suivant l'expression du pays, les *envahisseurs venus du Nord !*

Il faut avouer d'ailleurs que l'heure était mal choisie pour réclamer impérieusement et grossir à l'excès les indemnités dues à nos nationaux ; depuis une année seulement, la guerre civile s'était enfuie devant l'énergie de Juarez. Les plaies de la république, qui s'était déchiré le sein de ses propres mains, étaient encore béantes. L'odeur de la poudre ne s'était pas encore dissipée, que les bouches des canons français menaçaient les côtes du Mexique. Elles venaient appuyer de leur voix puissante l'ultimatum de M. de Saligny, ministre de France, ultimatum qui avait été dicté lors de la convention de la Soledad, puis repoussé par les deux puissances alliées, l'Espagne et l'Angleterre.

L'article 1 de cet ultimatum français était ainsi conçu :

« Le gouvernement impérial exige purement et simplement : la reconnaissance sans discussion, sans même fournir de documents à l'appui, d'une dette de 60 millions de francs, pour dommages et préjudices causés aux sujets de l'Empire jusqu'au 31 juillet 1862 inclusivement; les réclamations qui pourraient concerner des faits postérieurs à cette date devant se régler au moyen d'une note également postérieure des commissaires français. »

Cette demande imprévue de 60 millions, présentée par notre ministre au nom de la France, avait éclaté comme un coup de foudre au sein de la première conférence des commissaires alliés, réunis au bourg de la Soledad pour fixer le chiffre des réclamations communes des trois puissances qu'ils représentaient. M. de Saligny refusa à ses collègues, émus d'un chiffre aussi considérable, d'*examiner le plus ou moins de valeur de sa réclamation.* Qu'il nous soit permis de produire ici le résultat de nos propres recherches.

Combien avait dû le Mexique à la France depuis l'origine? Quelle somme totale avait-il déjà payée? Quel était le reliquat de sa dette envers nous au début de l'intervention? Nous allons répondre brièvement à ces trois questions.

La *dette extérieure* du Mexique (cette dette, on se le rappelle, a été le motif invoqué par les puissances signataires de la convention de Londres) se composait des obligations contractées par le gouvernement mexicain envers les Anglais, les Espagnols et les Français. Nous n'avons à nous occuper pour l'heure que de la dette concernant les Français.

INDEMNITÉS FRANÇAISES

II

Le Mexique a conclu diplomatiquement trois conventions distinctes avec la France. La première, intervenue le 1er décembre 1851, en faveur de MM. Serment, P. Fort et Ce, fut entièrement liquidée en 1857 : elle avait même procuré aux intéressés un bénéfice net de 3,996,075 fr. La seconde, qui date du mois d'avril 1852, accordait à MM. Jecker [1], Torre et Ce, une somme de 545,715 fr., qui fut acquittée en valeurs sur les douanes maritimes de cinq ports mexicains.

La troisième, consentie le 30 juin 1853, n'était pas entièrement liquidée au début de l'intervention. Cette convention n'intéressait pas seulement, comme les deux premières, une seule grande maison de commerce; c'était un composé de vingt-huit réclamations françaises qui avaient été reconnues justes par une commission de révision mexicaine. La liquidation et le payement s'étaient accomplis au moyen de règles précises et avec tant de régularité, que de tous les titres émis par le gouvernement mexicain, aucun n'a jamais joui, sur le marché, d'un crédit comparable à ceux de la convention française.

En effet, les bons de la dette intérieure n'ont jamais été remboursés au-dessus de 12 0/0; ceux de la dette anglaise, au-dessus de 30 à 40 0/0; ceux de la convention anglaise, au-dessus de 50 à 70 0/0; tandis que ceux de la convention

[1] Cette créance n'avait rien de commun avec celle dont nous venons de nous occuper.

française sont montés de 90 à 100 0/0, grâce à l'exactitude de Juarez à faire honneur spécialement aux engagements de la république envers la France.

	Bons émis	Bons amortis à amortir
Pour indemniser les réclamants français, le gouvernement mexicain leur avait accordé une valeur en bons de fr.	7,285,475 38	
Au début de l'intervention, le nombre des bons amortis s'élevait à fr.		6,273,978 72
Il restait encore dû fr.		1,011,496 66
Balance, fr.	7,285,475 38	7,285,475 38

Ces bons avaient été amortis par un prélèvement de 25 0/0 sur tous les navires d'origine française ; parfois, ce prélèvement s'était élevé à 33 et à 35 0/0.

Au début de l'expédition, comme on le voit, la dette extérieure mexicaine envers la France n'atteignait donc qu'un million environ. De plus, il existait des réclamations encore pendantes et non liquidées, dont le relevé nous a semblé assez intéressant pour figurer ici. Il donne une idée de l'impuissance des lois dans ce pays en proie aux désordres de toute nature ; mais il accuse en même temps le désir sincère du gouvernement mexicain, luttant hier encore contre la rébellion, de faire acte de conciliation dès qu'il en trouve les moyens.

RÉCLAMATIONS NON LIQUIDÉES AU DÉBUT DE L'EXPÉDITION.

Moulin de Flores. — MM. Bontemps et Perrot, locataires de ce moulin, prétendirent qu'ils avaient été contraints de l'évacuer, par suite des vexations infligées par les partis belligérants. Le gouvernement ordonna de faire une enquête pour s'assurer de dommages causés.

Chariot. — Le gouvernement, sur la demande du ministre de Prusse (chargé des intérêts français en l'absence de notre ministre), a fait rendre à M. Bacherie le chariot qui lui avait été enlevé.

Mules. — MM. Ducastaing et Dubois sont aussi rentrés en possession des mules qui leur avaient été enlevées.

Armes. — Le gouvernement a ordonné qu'on payât à l'intéressé, M. Prouillot, la somme de 60,000 fr. à Guanajuato, dont 15,000 par semaine, jusqu'au solde de sa créance. S'il n'a pas été complétement désintéressé, c'est par suite du manque de fonds de la ville.

Anes. — M. Félix Chapin réclamait 2,015 fr. pour une cargaison d'ânes qui avait disparu. Les titres ne disent pas s'il a été payé.

Cheval. — M. Eugène Maillefert réclamait un cheval. Le ministre de la guerre a traité directement avec lui.

Cheval. — M. Antoine Farine a présenté la même réclamation, qui a été renvoyée à la commission de liquidation.

Chevaux. — MM. Echenique et Garrouteigt réclamaient la valeur de neuf chevaux; ils furent renvoyés au ministre de la guerre pour traiter avec lui de gré à gré.

Contributions. — Les boulangers français Schmit et Laurent prétendirent que leur contribution était trop élevée ; on leur en fit restituer une partie.

Mules. — M. Boufet réclamait 1625 fr. pour mules embarquées par réquisition. Le ministre de la guerre lui a fait compter 1,000 fr.

Chars. — M. Dorcas se plaignait qu'on lui avait embarqué ses chariots ; le ministre les lui a fait restituer.

Préjudices éprouvés dans la campagne. — M. Jules Caire a porté plainte contre les dilapidations que lui infligeait journellement un chef réactionnaire espagnol nommé Cobos. Le gouvernement a envoyé une force pour protéger son hacienda de Jalmolonga.

Préjudices éprouvés dans la campagne. — Pareilles mesures furent prises pour protéger M. Lucien Six, administrateur de l'hacienda de Pantitlan, qui avait payé une rançon à une bande réactionnaire.

Préjudices éprouvés dans la campagne. — M. L. Catoin réclamait la valeur de 11,450 kilog. d'avoine qui lui avaient été enlevés par le même parti. Le ministre des finances l'a fait rembourser.

Préjudices éprouvés dans la campagne. — M. Henri Hauville, de Temascaltepec, a fait une réclamation par la bouche de M. de Saligny. Le gouvernement a ordonné une enquête.

Sœurs de charité. — Ces religieuses avaient reçu en dépôt, dans leur maison, différents objets enlevés par les prêtres et les religieux de leurs couvents. Ces objets, en or et argent massif, étaient secrètement vendus, quoique appartenant au culte, pour entretenir la guerre civile. Le gouvernement, prévenu, fit opérer une perquisition dans leur maison : la saisie des objets recherchés eut lieu, et M. de Saligny porta plainte contre cette violation de domicile.

Assassinat. — M. Riche, agent consulaire de France à Tepic, fut assassiné par des bandits. M. de Saligny réclama pour sa famille une indemnité de 100,000 fr.; 45,000 furent payés de suite; le reste était dû au début de l'intervention.

Terrains dépendant de l'hôpital. — M. Jean-Jacob Tain avait, par l'intermédiaire du ministre de Prusse, réclamé ces terrains. Le gouvernement lui fit allouer une indemnité de 50,000 fr., et s'aperçut, après ce payement, que le plaignant avait déjà touché sous la précédente administration 63,125 fr.

Treize autres griefs de moindre importance figurent sur ce dossier, que nous donnons comme authentique, sans prétendre en rien en infirmer ou en approuver les assertions, les nombres ou les évaluations, que la commission, réunie aujourd'hui à Paris pour prononcer en dernier ressort, appréciera seule à leur juste valeur. Il faut ajouter vingt-trois autres attentats violents, parmi lesquels on comptait sept assassinats commis par des *bandits* sur nos nationaux[1].

Toujours est-il, que nous ne croyons pas qu'à l'époque où l'ultimatum du gouvernement français fut dicté au président Juarez, cette somme énorme de 60 millions de francs fût lé-

[1] Consulter le *Livre* 61.

gitimée par les vrais dommages causés ; et nous ne pouvons nous empêcher de protester contre cette théorie monstrueuse, émise au sujet de ces indemnités non encore évaluées, qu'une commission française, à l'exclusion des Mexicains, serait seule appelée à décider de la validité de nos réclamations. Toute créance est un titre qui intéresse à la fois le créancier et le débiteur, et, par ce seul motif, lors du règlement de comptes, doit être débattue contradictoirement entre les deux intéressés, à moins que le droit du plus fort ne l'emporte : ce qui eut lieu cette fois encore, au mépris de l'équité.

Pourtant, notre gouvernement avait déjà sous les yeux un triste précédent qui eut dû le mettre en garde contre cette façon arbitraire d'opérer. Le cas que nous invoquons mérite d'être cité. Après le bombardement du château de Saint-Jean-d'Ulloa, en 1838, par l'escadre française, la république mexicaine paya enfin les trois millions réclamés par divers sujets français. Notre gouvernement, avant de faire la répartition de cette somme, examina les réclamations, et en trouva bon nombre de si exagérées, de si injustifiables, que, même en les satisfaisant, il resta un million sans emploi, qui fut réparti, vingt ans après, parmi nos nationaux nécessiteux. On se rappelle d'ailleurs les appréciations sévères portées, dès le début, par le cabinet anglais sur le chiffre des indemnités réclamées au nom de la France, appréciations consignées dans la correspondance diplomatique que nous avons signalée au sujet de la créance Jecker. On verra aussi, plus tard, que notre gouvernement se montra encore cette fois plus généreux vis-à-vis de Maximilien qu'à l'égard de Juarez, lorsque le règlement des indemnités françaises fut concerté au palais de Miramar.

Indépendamment de ces créances antérieures à l'apparition des armes françaises sur le sol mexicain, se sont produits d'autres dommages plus considérables encore, des violences, des assassinats, dus surtout à l'invasion de nos troupes, provoquant des représailles. L'intervention a été la cause véritable de ces désastres : nous ne pouvons qu'en plaindre amèrement les victimes, certain d'avance que notre gouvernement tiendra à honneur de panser les plaies ouvertes par ses erreurs. Cette catégorie digne d'intérêt est restée étrangère à l'origine d'une guerre dont elle n'a eu qu'à souffrir, sans l'avoir provoquée : nous pouvons donc établir que le prétexte de l'expédition, en tant qu'indemnités françaises, était moins sérieux qu'on ne l'a prétendu, et qu'avant de tirer l'épée du fourreau, notre gouvernement eût été sagement inspiré en étudiant à fond tous les éléments d'un dossier que M. Thouvenel, ministre des affaires étrangères, déclarait ne pas connaître suffisamment à l'heure où le sang de deux peuples allait couler.

Les indemnités françaises ont donc été le prétexte de l'intervention de nos armes au Mexique. Elles se sont affirmées dans la convention du 31 octobre 1861, qui a réuni un instant les trois puissances signataires. Nous les retrouverons au palais de Miramar, où elles feront consacrer leurs droits. Elles fourniront le thème de beaux discours, comme le prétexte des mesures financières concertées à Paris et à Mexico : mais les ayants droit à ces indemnités verront les millions jaillir des sources magiques du crédit et rouler à flots sous leurs yeux, sans qu'un seul d'entre eux, si ce n'est l'habile et privilégié M. Jecker, en puisse appliquer la moindre parcelle à ses besoins pressants.

EMPRUNTS MEXICAINS

III

« La science et la spéculation se sont donné la main pour hâter le développement de la richesse du Mexique. Outre les mines d'or et d'argent, on a découvert, on va exploiter des mines de fer, de houille, des sources d'huile de pétrole. . . . . . . Et on affecterait de craindre que, l'ordre, la prospérité, la liberté rétablie, venant féconder ces magnificences naturelles, cette puissance de travail, la possibilité d'un prélèvement d'impôts de 150 millions fût une chose contestable et douteuse ! »

Tel fut le tableau féerique développé sous les yeux de la France émerveillée, le 11 avril 1865, par M. Rouher, ministre d'Etat. Dix jours après, les épargnes de nos villes et de nos campagnes s'engloutirent dans le gouffre déjà creusé au Mexique par notre politique, et que nos prodigalités n'ont pu combler. Ce sont les profondeurs de cet abîme financier que nous voulons sonder.

Après une longue et pénible campagne, l'armée française, vers le milieu de l'année 1863, avait planté son drapeau sur les tours de la cathédrale de Mexico. L'heure était venue pour notre gouvernement de prendre un grand parti. L'honneur des armes était sauf : on pouvait négocier avec Juarez, qui jouissait parmi ses concitoyens, comme parmi nos nationaux, de la réputation d'honnête homme, puis se retirer avec le calme et le prestige de la force. Ce parti eût été le plus sage. Le blocus réel d'un ou deux ports de la république pouvait garantir à la France des rentrées efficaces. On se complaisait dans la poursuite d'une grande idée ! On avait résolu d'élever un trône, et d'y faire asseoir un archiduc d'Autriche. Mais il ne suffit pas de décréter un empire et de déposer une couronne sur le front d'un prince. Le nouvel empire avait besoin d'argent pour naître, se développer et atteindre l'âge de la force. Or, quand il rêvait au merveilleux pays des Aztèques, bercé dans son canot de plaisance sur les vagues de l'Adriatique, Maximilien ignorait sans doute que le sceptre artistement ciselé que les notables devaient plus tard déposer entre ses mains était retenu à Mexico, faute des fonds nécessaires pour payer le travail d'orfévrerie. Les notables eux-mêmes, obérés pour la plupart, réclamaient instamment des frais de route pour se rendre à Miramar.

En réalité, le Mexique était pauvre. Les richesses métallurgiques ne pouvaient être fécondées que par des flots d'or versés à l'avance par l'industrie européenne. Routes, bras et capitaux manquaient. La population valide, délaissant la culture des terres, faisait le coup de feu dans les bois. Quant aux caisses de l'Etat, on eût pu presque répéter ce mot de M. Pares, ministre des finances mexicaines en 1855 : « La caisse contient 14 réaux ! » Tel était le fruit de sept années consécutives de déchirements et de dilapidations ! Comme on le voit, le tableau financier s'annonçait peu attrayant. Pourtant, négligeant l'étude du fait, entraîné par les rapports fantastiques des faiseurs d'affaires, le gouvernement français persista dans ses projets d'établissement monarchique, convaincu qu'il était que nos bataillons n'auraient qu'à fouler la terre pour en faire jaillir des trésors. La seule difficulté sérieuse à vaincre, à ce qu'on croyait, pour ouvrir au Mexique une ère de prospérité inconnue, consistait dans le retour de la confiance publique.

Il faut avouer que le cabinet français se proposait là une

tâche bien périlleuse. Au point de vue du crédit, le Mexique, qu'on prétendait régénérer, était noté, avec raison, comme l'Etat le moins fidèle à ses engagements, et le marché anglais, qui prononce ses arrêts financiers avec une rare autorité, se montrait un des plus hostiles à toutes les valeurs d'origine mexicaine. Avec cette sorte de rancune particulière aux capitalistes, on se souvenait dans la Cité qu'autrefois on avait échangé avec frénésie les livres sterling contre le papier de cette partie de l'Amérique. Nous avons déjà vu que la *dette extérieure*[1] était entièrement d'origine anglaise et placée, d'une manière à peu près exclusive, sur la place de Londres. En mai 1823, au moment de la guerre d'indépendance, la maison Goldsmith avait prêté au gouvernement mexicain la somme de 40 millions de francs, en échange de laquelle le Mexique s'était reconnu débiteur, envers cette maison de banque, de .... 80,000,000 fr.
aux intérêts de 5 0/0.

Le 25 août 1824, il fut contracté un nouvel emprunt de 80,000,000
avec la maison Barclay, qui préleva une plus lourde commission, obtint un intérêt de 6 0/0, et fit faillite à la république de 11,500,000 fr.

A ces deux sommes, il aurait fallu ajouter les intérêts échus, non payés, soit.............................. 155,000,000

Total............ 315,000,000 fr.

[1] Le Mexique avait eu aussi une *dette intérieure* évaluée assez arbitrairement à 460 millions de francs; mais le service des intérêts se faisait avec si peu de régularité, que le paiement des sommes échues était, pour ainsi dire, l'exception. Dans la courte période qui se place entre la chute de Miramon et l'invasion française, le gouvernement de Juarez avait essayé la liquidation de cette dette intérieure au moyen des biens du clergé.

Dans l'espoir de consolider leurs créances et de soulager leur débiteur, les Anglais avaient incessamment refondu et atténué cette nouvelle dette. Bref, un arrangement survenu en 1850 et confirmé en 1856 par le président Comonfort, avait reconnu une créance sur le Mexique de 256 millions de francs en capital, représentés par des bons au porteur qui devaient donner 3 0/0 d'intérêts. A la garantie de ces intérêts étaient attachés des prélèvements sur le produit des douanes : 51 0/0 à percevoir au profit de la dette anglaise. En dépit de toutes ces réductions et consolidations, les termes échus avaient été très rarement acquittés, surtout dans la période où la guerre étrangère avait succédé à la guerre civile. Ainsi donc, à l'heure où la politique française songeait à faire appel au crédit européen pour jeter les premières bases d'un établissement impérial sur la terre de Cortez, le marché britannique était inondé de valeurs discréditées d'origine mexicaine, tellement avilies qu'avant la prise de Puebla la bourse de Londres cotait à 28 ou 30 livres un titre qui donnait droit à une rente de 3 livres, plus les arrérages des dix années qui n'avaient pas été payés, ce qui équivalait à 30 livres, somme égale au prix d'achat.

A ces charges énormes, Maximilien, en acceptant la couronne, allait ajouter une dette nouvelle, qui devait porter le coup de grâce aux finances de son futur empire. Le 10 avril 1864 avait été signée la convention de Miramar, dont les articles 9 et 10 étaient ainsi conçus :

Art. 9. — Les frais de l'expédition française au Mexique à rembourser par le gouvernement mexicain sont fixés à la somme de 270 millions pour tout le temps de la durée de cette expédition jusqu'au 1er juillet 1864. Cette somme sera productive d'intérêts à raison de 3 0/0 par an.

A partir du 1er juillet, toutes es dépenses de l'armée mexicaine restent à la charge du Mexique.

Art. 10. — L'indemnité à payer à la France par le gouvernement mexicain, pour dépense de solde, nourriture et entretien des troupes du corps d'armée, à partir du 1er juillet 1864, demeure fixée à la somme de 1,000 fr. par homme et par an.

Toutes ces causes de discrédit accumulées étaient donc peu favorables à l'enthousiasme du monde commercial et spéculateur. C'était tenter l'impossible que de songer à lancer un emprunt mexicain en Europe. Pourtant, l'urgence de cet emprunt était impérieuse, car la signature que la France avait échangée à Miramar ne lui permettait plus d'abandonner son entreprise au delà des mers. M. Fould, alors ministre des finances, imagination prompte, esprit ingénieux, chez qui le ministre n'effaçait pas complétement le banquier, était l'homme propre à lutter contre les obstacles et à tourner les difficultés. Il avait bien compris que c'eût été compromettre sa popularité que de rouvrir brusquement et franchement le livre de la dette française, en faveur d'une création déjà peu sympathique au pays; mais il songea qu'une opération détournée, qui aurait pour résultat de satisfaire les bourses anglaises et de les intéresser au succès de sa tentative, de fournir un à-compte aux réclamations de nos nationaux, de procurer des recouvrements à notre Trésor, et d'assurer en même temps au jeune empereur les premiers moyens d'existence, serait une combinaison doublement heureuse. Il était dans son tempérament financier de braver les difficultés, et il ne lui déplaisait pas d'évoluer sur le terrain le plus défavorable : il résolut donc de transporter du premier coup l'emprunt mexicain sur le marché anglais, qui lui était fermé, et d'en forcer les portes par un habile coup de main. Il alla chercher des partisans dans le camp ennemi, certain d'avance que la réhabilitation du crédit mexicain, pour être consacrée sans contestation, avait besoin de s'affirmer sur le premier marché du monde, celui de la Grande-Bretagne. Afin d'arriver promptement à un résultat aussi merveilleux, il fallait, dès l'abord, frapper un grand coup, en éblouissant les esprits les moins bien disposés par un changement à vue qui laissât entrevoir de nouvelles perspectives financières et politiques aux capitaux peu soucieux de s'aventurer sur le sol mexicain.

A cette seule condition, la méfiance provoquée par l'avilissement financier du nouvel empire pouvait s'effacer. Ce revirement imprévu avait été d'ailleurs merveilleusement préparé par les articles 2 et 3 du traité de Miramar, qui impliquaient l'engagement de soutenir Maximilien jusqu'à la consolidation de son trône, et qui assuraient, même après l'évacuation française, le séjour pendant six ans de la légion étrangère française, forte de 8,000 hommes. La jeune monarchie allait donc grandir à l'ombre tutélaire du drapeau de la France, qui se portait presque garante de sa prospérité. L'Etat naissant, créé par nos mains, devait être soutenu par une des premières puissances européennes, impatiente de voir fructifier son œuvre. Le pays, voué jusque-là aux désordres, rentrait dans le sillon de la paix. Cet horizon était nouveau : pourtant, l'effet fut nul au delà du détroit.

Les sérieuses résistances d'esprits plus positifs furent bientôt vaincues en Angleterre, grâce aux offres séduisantes de M. Fould, qui possédait à merveille le tempérament britannique. Le principal obstacle à l'émission d'un emprunt mexicain résidait dans la situation privilégiée des créanciers anglais. Privés d'intérêts depuis dix ans, ils auraient repoussé et même entravé toute création de dette nouvelle, susceptible d'affaiblir leur gage. M. Fould se réservait les moyens de se les concilier : ils furent décisifs.

Nous avons vu qu'il était dû par le Mexique aux porteurs de bons vingt semestres arriérés, soit 30 livres sterling pour 100 livres de capital. On offrit de leur payer en espèces le dernier coupon semestriel de 1 livre 1/2, puis de capitaliser les 19 autres coupons arriérés à 3 0/0, à 47 livres 1/2, puis enfin de déposer en espèces le montant de deux années d'arrérages, non-seulement pour les anciens titres, mais encore pour les nouveaux qui provenaient de la capitalisation des intérêts échus et non payés. En outre, promesse fut faite aux porteurs du 5 0/0 différé de prendre leurs droits en considération.

La révolution était faite sur le marché anglais, qui dès lors s'applaudit vivement de l'intervention française. Cette revivification inespérée détermina aussitôt une hausse importante sur les bons mexicains de la Cité.

Pourtant les Anglais, désormais chaudement intéressés à la création d'un empire mexicain, qu'ils s'empressèrent de prôner activement dans leur presse, n'étaient pas les seuls à satisfaire. L'ancien vice-roi de Lombardie avait des goûts fastueux, dont s'était ressentie sa fortune privée. La poursuite d'une couronne entraîne des dépenses qu'il était convenable de liquider avant de s'éloigner de Miramar. Maximilien obtint la promesse d'une avance personnelle de 8 millions à valoir sur le futur emprunt à réaliser.

La spéculation compte beaucoup sur l'imprévu : les capitalistes subissent moins aisément les effets du mirage. Or, le nouveau débiteur, le Mexique, jouissait d'une réputation suspecte. Pour calmer les inquiétudes des prêteurs, il fut décidé qu'une retenue à leur profit serait faite de deux années d'intérêts, sur les fonds à recueillir par voie d'emprunt.

Enfin, le trésor français avait déjà consenti des avances considérables, que l'opposition ne pouvait manquer de blâmer au sein du Corps législatif, si elles n'étaient balancées par des recettes compensatrices. De plus, il eût été d'un fâcheux effet de voir laisser à l'écart la cause des nationaux, pour qui la guerre avait été, disait-on, entreprise. Les dommages éprouvés réclamaient un commencement de réparation. A cet effet, on accola à l'emprunt principal un emprunt accessoire de 66 millions de francs à partager entre le Trésor français et les indemnitaires. Au premier était allouée une somme de 54 millions. Le reliquat de 12 millions devait être distribué entre les mains de nos nationaux éprouvés, et cela, à valoir sur l'ensemble de leurs créances qui n'étaient pas encore reconnues.

CRÉATION DE RENTES A 6 0/0.

Comme on a pu en juger, cette combinaison financière apparaissait aussi vaste qu'habilement conçue. C'était une belle affaire de banque, mais une déplorable opération, aussi bien au point de vue de la France que du Mexique. D'un côté, c'était sous l'égide de la France qu'allait se lancer une affaire aussi peu sérieuse que peu efficace ; de l'autre, le Mexique voyait grever son avenir d'une dette à laquelle il ne pouvait promettre que la banqueroute, et, en outre, après les prélèvements faits en faveur des tiers, il courait la chance de profiter à peine du produit de l'emprunt. L'Empire n'avait même pas la consolation d'amortir sa dette extérieure, puisque la plus grande partie des sommes à recueillir était destinée à de nouveaux créanciers. Mais M. Fould ne considérait que la fin, et il se sentait d'avance absous à ses propres yeux, s'il parvenait à puiser les fonds de cet emprunt dans les caisses anglaises. Pour lui, c'était un coup de maître. Dans cette partie engagée, le ministre n'abandonna rien au hasard : plusieurs mois furent employés à agencer toutes les parties de cet édifice. Les négociations avaient été entamées dès la fin de 1863.

Dès que l'emprunt eut été préparé, bon nombre de spéculateurs français ou étrangers vinrent frapper aux portes du ministre des finances.

Mais M. Fould savait qu'en finances comme en guerre, le plan le meilleur ne prévient pas un échec, si le chef manque du prestige et de l'entrain nécessaires pour mener à la victoire les audacieux, comme pour enlever les timides et les retardataires, dont le nombre a son éloquence imposante. Le fonds d'Etat mexicain était ignoré sur le marché français ; son apparition pouvait être froidement accueillie : or, toute hésitation devait être funeste à l'élan. Au contraire, il avait toujours vécu, en végétant, il est vrai, sur la place de Londres ; mais, cette fois, l'opération était conçue de telle sorte que les capitalistes anglais avaient les premiers intérêt à sa réussite. M. Fould était résolu d'ailleurs à en faire une affaire anglaise ; il lui importait que l'émission fût patronnée par quelque grosse maison de la Grande-Bretagne. Il savait bien qu'en France on procède par engouement, que tout ce qui vient de l'autre côté du détroit a chance de succès dans notre pays, et, au point de vue politique, il ne lui était pas indifférent de nous prouver que l'entreprise mexicaine comptait de sérieux adhérents à l'étranger.

Le chef d'un établissement de Londres, M. George Seymour, qui se trouvait alors à Paris, s'associa aux vues de M. Fould, et s'offrit à servir d'intermédiaire entre le gouvernement français, qui dirigeait tout au nom de Maximilien, et la maison Glyn, Mills et Ce, une de ces puissantes banques anglaises que le prestige érige en souveraines de la finance. Après les négociations préliminaires dont fut témoin l'hôtel de M. Fould, M. Glyn fut invité à venir à Paris. L'affaire lui fut présentée de manière à lui faire entendre que l'emprunt obtiendrait autant que possible le concours du gouvernement français, sans engager toutefois l'appui direct et formel de la France. M. Glyn hésita longtemps avant d'engager sa signature. Il y eut même une heure où sa résolution fut fortement ébranlée : ce fut le matin du jour (25 mars 1864) où le ministre attendait le banquier pour prononcer son dernier mot. Quand il se présenta dans le cabinet de M. Fould, il était décidé à décliner l'offre qui lui avait été faite. Mais la conversation du ministre des finances était séduisante et persuasive : « les capitalistes de la Cité, représentait-il au banquier, souhaitaient vivement la conclusion d'une affaire dont le premier résultat serait de faire revivre un papier mort à leurs dépens ; des compatriotes comptaient beaucoup, pour réparer ce désastre d'ancienne date, sur le patriotisme de M. Glyn. » Bref, ce dernier prit la plume et signa ; pourtant, après cet acte souscrit, le puissant financier ne put s'empêcher de songer à la responsabilité qu'il venait d'engager, c'est-à-dire au prestige de sa maison; car il ne s'était chargé de l'emprunt *qu'à commission* seulement. La nouvelle fut aussitôt télégraphiée à Miramar, où la députation mexicaine attendait avec impatience une solution heureuse qui lui permît de prononcer son discours officiel et d'offrir solennellement à l'archiduc la couronne tenue en suspens sur sa tête depuis plusieurs années déjà. En même temps, un *gentleman* du nom de Hope, associé à la maison Glyn, partit pour le palais de l'Adriatique, afin de verser préalablement entre les mains de Maximilien la somme promise. Une partie de cette somme, 3 millions, expédiée en or de Paris, était enfermée dans dix-sept barils pesant ensemble un millier de kilogrammes. De quelle caisse sortit réellement cette avance de 3 millions, avant même que l'emprunt fût émis? Quoiqu'on ait prétendu que M. Glyn fit les premiers fonds, les conjectures ont le champ libre, si on songe que les 5 millions restant furent fournis à Maximilien en traites du trésor sur le payeur français de l'armée à Mexico.

Sur ces entrefaites, au moment de toucher au but, M. Fould vit un instant crouler tout son brillant échafaudage et s'évanouir les chiffres éloquents qu'il espérait pouvoir faire figurer aux recettes du prochain budget. La nouvelle éclata à Paris, lorsque déjà la somme mise à la disposition de l'archiduc avait été envoyée, que ce prince renonçait à la couronne du Mexique, parce que l'empereur François-Joseph refusait de conserver à son frère ses droits éventuels au trône des Hapsbourg. Des négociations très-actives s'entamèrent aussitôt entre les cabinets de Vienne et de Paris. Une lettre de M. Fould, qui nous paraît digne d'intérêt sur plusieurs points, suffira pour accuser et résumer toutes les phases de cette entreprise.

Paris, le 31 mars 1864.

MINISTÈRE DES FINANCES. — CABINET DU MINISTRE.

. . . .

Au moment où nous pensions que toutes les affaires étaient arrangées avec S. A. I. l'archiduc Maximilien, une difficulté a surgi au sujet d'intérêts de famille. D'après une nouvelle que j'ai reçue de Miramar, en date du 30, tout semble aplani, et je pense que l'arrivée du nouvel empereur suivra de près ma lettre.

Vous avez eu communication, sans doute, du traité qui a été préparé et qui va être ratifié par l'empereur du Mexique. L'emprunt a été conclu pour 12 millions de rentes portant intérêt à 6 0/0 au cours de 63, avec une maison importante de Londres, qui s'en est chargée à commission, limitant ses avances à une somme de 8 millions qui sera remise à l'archiduc, avant son départ. Cette somme se compose de 3 millions en quadruples et de 5 millions en traites du Trésor sur le payeur général de l'armée, à Mexico.

En outre, sur le produit de l'emprunt, lorsqu'il sera réalisé, le nouvel empereur *recevra des banquiers contractants une somme de 50 millions de francs.*

. . . .

J'ai lieu d'espérer que cet emprunt sera souscrit sans difficulté, tant à Londres qu'à Paris. Je crois qu'il serait prématuré de s'occuper du règlement de la dette intérieure, et que le *statu quo* est bien désirable jusqu'à l'arrivée du nouveau souverain.

Le prince a fait des objections à la ratification du traité pour la Banque, et je le regrette à cause de l'appui que nous avons donné à cette affaire, et de la respectabilité des maisons qui y sont engagées.

Elles auraient consenti facilement à des modifications de détails, si quelques articles avaient donné lieu à des objections sérieuses. Cette négociation pourra être reprise à Mexico, et je verrais avec plaisir, dans l'intérêt du Mexique, qu'elle pût aboutir.

J'espère que la présence de M. Corta aura pu faire cesser les dissidences qui se sont élevées entre les divers agents supérieurs des finances. C'est un homme d'un excellent esprit, calme et instruit, à qui j'ai délégué tous mes pouvoirs.

ACHILLE FOULD.

Ainsi donc, M. Fould donnait l'assurance que le nouvel empereur *recevrait des banquiers contractants une somme de 50 millions de francs.* C'était la promesse d'une rosée bienfaisante pour la terre du Mexique. De plus, nous voyons déjà poindre à l'horizon la mission de M. Corta, calculée par l'habileté de M. Fould en prévision des événements. Il faut aussi noter, ce qui n'est pas à négliger, que, du premier coup, le cabinet français porte la main dans la création de tous les rouages financiers du nouvel empire, comme si ce dernier était une vice-royauté française. Le patronage était donc complet : nous en verrons l'influence et ses résultats prochains.

Le cabinet des Tuileries avait réussi dans ses négociations en Autriche. Le *Moniteur* du 16 avril 1864 nous fit connaître du même coup l'acceptation de la couronne par l'archiduc, le traité de Miramar, et encore une série de décrets concertés avec notre gouvernement et destinés à constituer la nouvelle dette mexicaine. Tous ces actes portaient la date du 10 avril 1864, à Miramar.

Le premier décret créait un grand livre de la dette publique de l'empire Mexicain.

Le second concédait l'emprunt à la maison Glyn, de Londres.

Le troisième nous attribuait un capital de 66 millions à valoir sur les dépenses de guerre faites par le trésor français, et sur les indemnités attribuées à nos nationaux.

Le quatrième consolidait l'arriéré de la dette anglaise et assurait le payement immédiat d'un coupon.

Le dernier décret instituait la commission des finances du Mexique à Paris, sous la présidence de M. de Germiny, ancien ministre des finances, sénateur et gouverneur honoraire de la Banque de France. La présence dans ce conseil de ce fonctionnaire d'un haut renom, valait des millions pour l'avenir du Mexique. Ces lois d'organisation eurent en Europe un retentissement assez favorable au crédit de la monarchie naissante. Pourtant, dans l'intervalle qui s'était écoulé entre la signature du contrat par M. Glyn (25 mars 1864) et l'acceptation du trône par Maximilien (10 avril), il était survenu un incident financier dont les conséquences pèsent lourdement aujourd'hui sur le marché de Paris. Les Anglais souhaitaient de toutes leurs forces la réussite de l'emprunt commissionné par M. Glyn; toutefois, l'expérience, acquise à leurs dépens, leur enseignait la circonspection. Aussi hésitaient-ils à s'avancer sur un terrain encore mouvant. M. Fould comprit, un peu tard, qu'il s'était bercé d'illusions, et que les Anglais ne s'emploieraient que dans la mesure de leurs intérêts au succès d'une opération fondamentale pour la politique française. Sans perdre de temps, notre ministre se retourna vers les capitalistes français, et fit en sorte que le *Crédit Mobilier*, alors en faveur, fût associé à la combinaison. MM. Pereire durent se concerter pour l'émission de l'emprunt avec le premier concessionnaire. Ainsi fut justifié le titre d'emprunt *Anglo-Français*, sous lequel l'affaire fut présentée officiellement par le *Moniteur*.

Cet emprunt consistait :

	Emprunt Glyn-Pereire.
1° En 12,096,000 fr. de rentes émises à 6 0/0 au cours de 63, ce qui eût dû fournir un capital brut de.................................. fr.	126,320,000
2° En 6,600,000 fr. de rentes attribuées au Trésor et aux indemnitaires français, émis aux mêmes conditions, au capital brut de.................. fr.	66,000,000
Produit brut de l'émission totale,...	192,320,000

Malgré les efforts tentés sur la place de Paris pour lancer l'emprunt, le succès fut médiocre. Le peu de sympathie qu'inspirait aux masses notre aventure au delà de l'Océan rejaillissait, en dépit de tout, sur l'opération elle-même. Le marché français resta rebelle à la spéculation de ce fonds d'État; il fallut que le Crédit Mobilier soutînt les cours en bourse de ses propres deniers, pour empêcher une dépréciation trop rapide. Grâce à cet appui, la grande partie des souscriptions s'obtint sur le marché français. Quant à l'Angleterre, son contingent ut presque nul. En fin de compte, l'entreprise pesa lourdement sur le Crédit Mobilier; la maison Glyn fut plus heureuse. Les impressions de bourse étant défavorables à l'opération, des spéculateurs se livrèrent à des ventes répétées pour écraser les fonds du nouvel emprunt sur la place de Londres. Mais M. Glyn obtint qu'il n'y eut pas solidarité entre la Bourse de Paris et celle de Londres : ne s'étant chargé que d'une négociation restreinte, et connaissant exactement le nombre de titres en circulation dans son pays, il réclama livraison des vendeurs à découvert, qu'il força à se racheter en hausse, et leur fit payer cher leurs manœuvres hostiles.

Il est difficile de donner en détail les résultats de la souscription. Toujours est-il que, sur les 18,696,000 fr. de rentes qui étaient en émission tant pour le Mexique que pour le Trésor français, on put placer seulement 10,162,756 fr. de rentes, qui fournirent un capital de 102,600,000 fr. L'échec de l'emprunt contrecarrait les vues de la politique française. La maison Pereire, par dévouement au gouvernement, on l'a dit, et cela est probable, garda à sa charge une certaine quantité de titres. La discorde ne tarda pas à éclater entre les associés français et anglais; MM. Glyn refusèrent de participer aux sacrifices de bourse auxquels MM. Pereire s'étaient laissé entraîner. On trouve la trace de ces mécomptes dans le rapport lu par M. Isaac Pereire à l'assemblée générale du Crédit mobilier pour l'exercice de 1864.

Rapport de M. Isaac Pereire. Assemblée du 15 *mars* 1865.

L'émission du premier emprunt mexicain est la plus importante de nos opérations financières.

Nous n'avions pas été appelés à débattre les conditions de cet emprunt; elles avaient été réglées par une maison anglaise de premier ordre, lorsque *nous fûmes invités à nous charger de son émission* en France.

Nous l'avons fait en qualité de simples commissionnaires, *avec le concours de MM. les receveurs généraux.* Notre clientèle a fourni à la souscription de cet emprunt un très-large contingent. Nous avons dû voir, par conséquent, avec une vive peine, la dépréciation qui n'a pas tardé à frapper ces titres.

Nous n'avons pas hésité à nous associer à la fortune de nos clients; aucun sacrifice ne nous a coûté pour chercher à améliorer leur position. Nous avons le regret de dire que ces efforts n'ont eu d'autre résultat que de nous occasionner une perte importante en sus de celle de la commission qui nous avait été allouée.

Cette perte, dont il est fait ici mention, a pu être récupérée plus tard à la faveur des nouvelles combinaisons mexicaines. Examinons maintenant l'emploi de la somme obtenue des souscripteurs.

	Produit net de l'emprun 6 0/0	penses.
La souscription avait produit un capital de 102,600,000 francs; mais nous trouvons, dans des documents inédits en France sur la commission des finances du Mexique, ce capital réduit par les frais de courtage et de commission à................	95,750,637 fr. 43c.	
A reporter.....	95,750,637 fr. 43c.	

	Produit net de l'emprunt 6 0/0	Dépenses.
Report......	95,750,637 fr. 43 c.	
Voilà pour l'actif. Arrivons au passif :		
1° Avance remise, à Miramar, à Maximilien, pour liquider sa situation personnelle...............		8,000,000 fr.
2° La somme à prélever au profit des créanciers anglais, devait monter 26,712,296 f.; 3,058,516 leur avaient été envoyés du Mexique.		
Restaient dus : 23,653,780 fr., qui furent pris sur le produit de l'emprunt, ci......		23,653,780
3° Dépôt à la caisse des consignations de deux années d'intérêts pour la rente prise par le public..		20,400,000
4° Dépôt de deux années d'intérêts pour la rente restée dans les mains du Trésor.................		13,200,000
5° Reprise par le Trésor, aux termes du traité de Miramar, de 25 millions par année, à valoir sur les dépenses de guerre faites par la France; soit, pour dix-huit mois..........		37,500,000
Total...	95,750,637 fr. 43 c.	102,753,780 fr.
Excédant de dépenses.	7,003,142 fr. 57 c.	

Tel avait été le brillant résultat de la campagne financière de M. Fould! On se trouvait en présence d'une dépense obligatoire dépassant de sept millions le chiffre de la souscription. En outre, le trésor français et les indemnitaires, qui n'avaient pu être compris dans la répartition des fonds recueillis, restaient nantis de 66 millions en papier d'un placement problématique. Et Maximilien qui, suivant notre ministre des finances, « devait recevoir des banquiers contractants une somme de cinquante millions, » ne touchait pas une piastre pour équiper un soldat et payer ses fonctionnaires. D'autre part, le Mexique avait assisté à l'accroissement de sa dette extérieure d'un capital nominal de 250 millions.

Il est vrai que les Anglais, désintéressés en partie avec l'argent français, avaient lieu d'être fort satisfaits, tandis qu'un de nos grands établissements financiers venait de subir un fatal ébranlement. Dès le lendemain du jour où les résultats de l'opération Glyn-Pereire eurent été constatés, ce dilemme menaçant vint barrer la route au cabinet français : ou abandonner le Mexique, en laissant la banqueroute derrière notre armée, ou recourir à de nouveaux expédients pécuniaires. N'était-ce pas, dans les deux cas, la banqueroute, aujourd'hui ou demain?

V

ÉMISSION DE 500,000 OBLIGATIONS DE LA PREMIÈRE SÉRIE.

Un des faits les plus saillants qui se dégagent de l'étude de l'intervention au Mexique, c'est l'entraînement financier aussi bien que politique auquel a cédé le cabinet français pendant toute la durée de cette campagne lointaine : on n'était plus maître des événements, on allait glisser sur la pente qui conduisait à l'abîme. A peine hors de Mexico, il n'y avait plus eu de limites assignées aux courses de nos soldats ; et de même, une fois entré dans la voie des emprunts, notre gouvernement ne pouvait plus s'arrêter : il était forcément condamné à procurer des ressources au nouvel empire. Impuissant à les tirer de ses propres coffres, il était tenu de patronner des émissions financières au nom du Mexique et de les faire réussir à tout prix, s'il ne voulait laisser périr d'inanition la monarchie au berceau. L'expérience tentée en Angleterre n'ayant abouti qu'à faire sortir de France 27 millions au profit des capitalistes anglais, on ne pouvait plus faire appel qu'aux épargnes françaises. D'ailleurs, les besoins de notre Trésor, pour continuer notre expédition, n'étaient pas moindres que ceux de Maximilien lui-même vis-à-vis de son armée. Il fallait satisfaire promptement à cette double exigence, et M. Fould savait fort bien qu'il y eût eu imprudence à braver l'opinion publique et le sentiment d'une certaine fraction des Chambres par la proposition d'un emprunt direct.

Maximilien, de son côté, à peine assis sur son trône, avait pu constater la pénurie de ses finances. Quelques jours après son entrée à Mexico, il se vit déjà hors d'état de satisfaire à sa signature, engagée vis-à-vis de la France. On sait qu'en vertu du traité de Miramar, l'armée indigène passait à la charge du nouvel empire, à partir du 1er juillet 1864. Sous peine de débandade des troupes mexicaines, notre payeur général dut ordonnancer leur solde, comme par le passé.

M. Fould était resté nanti de 66 millions en papier de la rente 6 p. 100 Glyn-Pereire, sans pouvoir en battre monnaie. Pourtant, les budgets de 1864 et de 1865 ne s'étaient alignés qu'à l'aide des 54 millions appartenant au trésor sur ces 66 millions, et de plus, notre ministre avait commis l'imprudence de se reconnaître dépositaire du reliquat de 12 millions au profit des indemnitaires, comme si cette somme avait été effectivement encaissée. C'était donc un déficit à combler d'urgence. Enfin, s'il est vrai que le Crédit Mobilier eût assumé des charges, n'avait-on pas contracté à son égard l'obligation morale de le dégager, à l'aide d'une nouvelle combinaison ? Comme on le voit, les embarras de la situation n'avaient fait que croître par l'émission Glyn-Pereire, qui appelait à sa suite un futur emprunt. M. Fould se décida à entreprendre une seconde campagne financière.

On se souvient que le ministre des finances venait de faire partir pour Mexico un député, presque inconnu du public à cette époque, mais renommé parmi ses collègues pour son coup d'œil exercé en affaires. M. Corta avait reçu la mission d'étudier les ressources du Mexique et d'éclairer la religion de son gouvernement. Nous nous rappelons encore l'arrivée de M. Corta au port de la Vera-Cruz, où il séjourna quelques instants, en mars 1864, avant de gravir les plateaux. A sa parole enthousiaste, ses auditeurs s'aperçurent vite que M. Fould avait su inspirer à son missionnaire une foi vivace dans l'avenir et dans la vitalité du pays qu'il venait inspecter ; toutefois, il était permis de penser qu'à mesure que ce haut fonctionnaire s'enfoncerait dans l'intérieur et fouillerait de près les choses et les caractères, ses impressions premières pourraient sensiblement se modifier. Par malheur, il n'en fut rien. Aux yeux de M. Corta, le soleil du tropique dora de ses chauds rayons toutes les perspectives mexicaines, à tel point qu'il présenta plus tard devant le Corps législatif l'empereur Maximilien *apparaissant aux In-*

diens comme l'homme de la prédiction venu d'Orient, aux cheveux d'or et aux yeux d'azur; ce fut sous cet effet de transfiguration que le député des Landes transmit des renseignements à son gouvernement, et, en dépit de certaines représentations de compatriotes honorables établis de vieille date à Mexico, il annonçait *qu'au point de vue agricole, commercial et industriel, le Mexique était tout simplement le pays le plus favorisé du globe.*

On comprendra aisément quels attrayants horizons la plume féerique de ce témoin oculaire pouvait ouvrir à l'esprit inventif de M. Fould, déjà trop porté à tenter l'impossible. Fort de pareilles données, le ministre des finances eut promptement arrêté son plan; seulement, cette fois, il profita des leçons de l'expérience. L'échec Glyn-Pereire pouvait être attribué à deux causes : l'absence de garantie du gouvernement français et l'action trop restreinte d'un seul établissement financier dont le concours et les intérêts n'étaient pas assez surexcités dans une affaire prise seulement *à commission*. Pour réussir désormais, il fallait former un faisceau solide des premières maisons de banque, réunies en un seul groupe, assez puissant et assez audacieux pour traiter ferme d'un emprunt et le lancer à ses risques et périls, parmi sa clientèle multiple. Le seul moyen d'attirer les capitalistes dans un pareil mouvement consistait dans l'intervention officieuse de l'État, pas assez accusée pour engager sa responsabilité au grand jour, mais pourtant assez accentuée pour créer une sorte de solidarité entre lui et les contractants, et faire renaître la confiance du public. Le point capital pour le succès était de pouvoir offrir une combinaison aussi lucrative pour les banquiers chargés du placement, que séduisante pour les souscripteurs. Cette combinaison fantastique, propre à flatter les instincts de spéculation et entraînante comme une nouveauté, fut réalisée. Quels furent les auteurs de cette découverte? Laissons un instant la parole à M. Rouher; voici en quels termes le ministre d'État s'exprima devant le Corps législatif dans la séance du 9 juin 1865.

Quelle est la situation du gouvernement mexicain?

Alors qu'il a encore à vaincre des rebelles, derniers débris d'une guerre civile, l'empereur Maximilien, ne pouvant pas encore organiser complétement ses ressources financières, a jugé convenable de recourir à la voie de l'emprunt, et a confié le mandat d'opérer cet emprunt à des hommes considérables, dont le nom seul est une garantie de prudence et d'intégrité : MM. Baron et Bourdillon, qui ont longtemps habité le Mexique, qui l'habitent encore, et qui sont venus à Paris chercher les bases d'une négociation.

A eux se sont associés M. le comte de Germiny et l'honorable M. Corta, député au Corps législatif, et, tous ensemble, ils ont eu à étudier les conditions auxquelles un emprunt pouvait être lancé sur la place.

M. Rouher avait oublié de nommer les principaux collaborateurs de cette œuvre, et pourtant, ce détail n'eût pas manqué de gravité aux yeux des mandataires du pays. Le premier auteur était M. Fould, sous la surveillance et avec l'approbation de qui tout avait été combiné ; le second était M. Sapia, directeur du mouvement des fonds, qui fut l'inventeur ingénieux, assure-t-on, du second remboursement après cinquante ans, au moyen d'un prélèvement de 1 p. 100 capitalisé pendant un demi-siècle.

La « grande attraction, » comme disent les Anglais, de l'emprunt mexicain par obligations consistait surtout dans l'énormité des primes. A chacun des tirages semestriels étaient attribués un lot de 500,000 fr., deux lots de 100,000 fr., quatre de 50,000 fr., soixante de 10,000 fr., soit 3 millions de francs de primes pour l'année entière.

Les obligations mexicaines, qui allaient être émises à 340 francs, devaient donner 30 francs d'intérêt fixe : elles étaient remboursables deux fois par an, par voie de tirage au sort, à 500 francs, sans préjudice du second remboursement cinquantenaire, dont nous avons vu l'idée attribuée à M. Sapia. Un délai de dix mois était accordé pour le versement successif des 340 francs, et on obtint que les titres seraient cotés au comptant et à terme, dans les Bourses de Paris et des départements, condition qui allait permettre à la spéculation d'exagérer un instant les mouvements favorables.

Telle était la part merveilleuse faite au public souscripteur : c'était tout un avenir d'espérances; c'était l'inconnu avec ses chances heureuses. Mais pour le groupe financier que M. Fould voulait entraîner sous ses drapeaux afin de terminer victorieusement cette campagne, il fallait des avantages plus saisissables, plus prompts à réaliser. Aux imprudents qui allaient déployer toute leur habileté, faire appel à tous leurs clients dont la confiance pouvait être trompée par la force des choses, à ceux enfin qui, en traitant ferme pour la somme énorme de 170 millions, allaient assumer une lourde responsabilité, une commission de 10 0/0 fut offerte sur le total du capital qui était à recueillir, soit 17 millions sur 170.

Eh bien, nous ne craignons pas de le dire, les maisons de banque qui allaient conclure une pareille affaire se départaient de toutes les règles de la prudence élémentaire que nous avions crue habituelle en pareille matière. Nous avions toujours pensé que des établissements sérieux ne compromettaient pas aussi aisément leur crédit vis-à-vis de clients auxquels ils pouvaient avoir un jour des comptes sévères à rendre, en vue d'un bénéfice aussi mince. Dix-sept millions, à première vue, paraissent excessifs, il est vrai : mais, après déduction des frais de tout genre, très lourds dans ces entreprises, courtage, commission, annonces, réclames, remises à une foule de petits auxiliaires, et correspondances sur toutes les places de province, ces 10 p. 100 devaient se trouver réduits au moins d'un tiers, surtout si l'affaire traînait en longueur. Restait encore le risque le plus grave pour les contractants : celui de voir échouer la souscription comme dans l'opération Glyn-Pereire, et de demeurer détenteurs d'un emprunt acheté ferme, c'est-à-dire de risquer un gain de onze millions (frais déduits) environ, contre la possibilité d'une perte sèche de 170 millions. Un pareil désastre, déjà fait pour troubler l'équilibre de la fortune publique, alors même qu'il ne frappe que sur la tête de 500,000 souscripteurs, était capable, en fondant sur un nombre restreint d'établissements financiers, d'amener une véritable catastrophe, au cas où le public fût resté rebelle aux sollicitations séductrices de l'emprunt mexicain ; et l'histoire demandera un compte sévère à la gestion d'un ministre qui n'a pas craint de jouer une pareille partie, et cela au profit d'une cause étrangère.

Mais, dira-t-on, y avait-il possibilité de désastre ? Nous répondrons qu'aux yeux des gens qui avaient étudié les faits, il y avait même probabilité, et les événements l'ont prouvé plus tard. En effet, la vente des fonds publics est un commerce spécial, gros de dangers. Dans le commerce ordinaire, le négociant est maître de ses produits. S'il a du coup d'œil et de l'entente, il se tient au courant des besoins du consommateur, et il n'écoule sa marchandise qu'en raison de la demande. Là où l'avilissement commence, il arrête ses livraisons. Dans les grandes émissions financières, on procède autrement :

le banquier est souvent obligé de jeter sur la place des quantités de valeurs qui dépassent les besoins du marché ; il n'attend pas les demandes, il les devance, pour hâter l'écoulement de ses titres et réaliser ses capitaux. S'il y a vogue, la valeur fait prime : si les preneurs font défaut, le même banquier est forcé de faire des rachats onéreux de ses propres valeurs, afin d'en soutenir les cours et de prévenir une baisse continue. De plus, le terrain de la Bourse est un vrai champ de bataille où il faut manœuvrer et escarmoucher pour déjouer les hostilités de rivaux tout disposés à provoquer une dépréciation excessive et subite de la valeur fraîchement lancée. Plus l'écoulement en est long, plus les frais grandissent en diminuant les bénéfices. Se contenter d'une commission de 10 0/0 appliquée à l'achat ferme d'un emprunt mexicain était, en résumé, faire acte d'imprudence.

Mais il faut reconnaître que M. Fould n'avait négligé aucune précaution pour tenter les capitalistes dont le concours lui était indispensable. Deux nouveaux avantages leur étaient promis, et ils avaient leur prix. En premier lieu, le gouvernement, par une concession abusive, mettait à leur disposition tout le personnel financier de l'Etat, comprenant receveurs généraux, receveurs particuliers et percepteurs, agents dont les moyens d'action et de persuasion rayonnent dans tout l'Empire. En second lieu, promesse était faite d'autoriser le Comptoir d'escompte, complétement étranger à la soumission de cet emprunt, à se charger du placement des titres. Or, cette autorisation officielle acquérait une haute portée : elle impliquait aux yeux du public la présence du contrôle du gouvernement français, et elle assurait un débouché exceptionnel aux futures obligations mexicaines, en raison de la puissante organisation, du prestige et de la fidélité à ses statuts qui ont conquis au Comptoir d'escompte une nombreuse clientèle. Le concours du Comptoir d'escompte venait encore réduire le bénéfice des banquiers de 1 0/0 sur le capital souscrit par ses soins, soit 1,700,000 fr., à répartir au profit des actionnaires de cette société.

En présence du programme que nous venons d'esquisser, il ne tarda pas à se former un groupe de capitalistes prêts à entrer en pourparlers avec les promoteurs de l'opération, nous voulons dire la Commission des finances mexicaines et le ministère des finances.

Ce groupe réunissait dans son sein bon nombre des premières maisons d'Europe, réputées autant pour leurs éléments de puissance que pour la sagacité ordinaire de leurs opérations. Nous citerons les principaux noms : M. Pinard, directeur du Comptoir d'escompte, mais agissant en son nom personnel, sans engager en rien l'établissement dont il est le chef; la Société générale pour le développement du commerce et de l'industrie; MM. Fould-Oppenheim, Hottinguer et Ce, Blount et Ce, André et Marcuard, le *General Credit* de Londres, présidé par M. Laing, ancien ministre en Angleterre, Bischoffsheim et Goldsmith de Paris, Stern et Ce, le baron Seillières, Max Kœnigswarter, Erlanger, Hentsh et Lutscher de Genève, Trivulzi Hollander, la Société de dépôts et de crédit des Pays-Bas, le *Consortium*, vaste association de banquiers à Francfort. M. Rouher a déclaré, le 9 juin 1865, que le nombre des contractants s'était élevé à trente-cinq et qu'à ces maisons principales s'étaient adjointes environ deux cents banques secondaires.

Les négociations s'engagèrent entre les intéressés. Les apparences s'annonçaient sous un jour séduisant ; pourtant, à la dernière heure, une certaine hésitation se manifesta, quoique une pareille compagnie pût compter sur des moyens d'action aussi étendus que ses ramifications. L'entreprise paraissait risquée aux plus hardis, et la commission de 10 0/0, ébréchée déjà par les frais prévus, pouvait bien s'engloutir dans un désastre plus complet. A l'annonce de cette tentative, le monde financier fit entendre de fâcheux pronostics : certains même lui opposèrent l'incrédulité. Ces fluctuations seront faciles à expliquer pour tous ceux qui se rappelleront l'état des esprits au début de l'année 1865. Deux courants contraires se partageaient l'opinion. Les uns, et c'était le plus petit nombre, osaient condamner la création d'un empire au delà des mers; les plus clairvoyants apercevaient à l'horizon l'ombre des Etats-Unis menaçante et la nécessité pour la France de se replier sur elle-même. Les autres, saisis d'un enthousiasme officiel, repoussaient avec hauteur les inquiétudes de l'opposition et ne rêvaient que mines ruisselantes d'or.

Le gouvernement s'était promis de régénérer le Mexique, et, depuis quatre ans, sans s'arrêter aux clameurs ni aux obstacles, il marchait impassible dans la voie qu'il s'était ouverte, prodiguant soldats et trésors. De plus, les mandataires du pays s'étaient hautement associés à la politique impériale, en 1862 et 1863, à l'unanimité, sauf les cinq voix d'opposition ; en 1864, le rapport de M. Larrabure avait donné une majorité de 201 voix contre 47 en faveur de cette même politique. Il ne faut plus s'étonner si les dispositions des banquiers avaient subi cette influence des hautes régions où dominait l'optimisme.

La politique du monde financier est l'esclave de l'opinion publique. Elle regarde, elle voit moins loin dans l'avenir qu'on ne veut le supposer; elle se contente de tâter le pouls à la foule, et, impressionnable comme les masses, elle subit l'influence du chauvinisme qui ne peut admettre la prévision d'un échec là où flotte le drapeau qui a fait le tour du monde. La haute banque, emportée par le courant, fit fausse route : elle crut à la solvabilité de Maximilien, parce que notre gouvernement avait élevé son trône de ses propres mains, et parce que la France, de tradition, n'abandonne pas ses alliés.

Cependant, les futurs soumissionnaires éprouvaient un dernier scrupule. Avant de s'engager, ils posèrent une condition à M. Fould. Le gouvernement français ne pouvait garantir directement un emprunt dont l'intérêt, en calculant les primes, ressortait à 12 0/0. Mais à défaut de cette garantie, les contractants exigèrent une déclaration solennelle du cabinet des ministres qui tînt lieu de garantie indirecte, et qui affirmât hautement « que la France ne retirerait pas son appui financier et militaire à Maximilien, avant que l'empire créé à son profit ne fût suffisamment affermi. »

Les conseillers de la couronne pouvaient-ils refuser une pareille promesse? C'était la substance même de la convention de Miramar, que corroborait le traité secret invoqué par Maximilien, et dont nous retrouverons plus tard l'expression consignée dans la note diplomatique du 31 mai 1866, provoquée par la mission extraordinaire de M. Almonte? Les bases ainsi posées, l'entente fut complète. Les banquiers attendirent la déclaration solennelle du gouvernement : elle devait bientôt tomber des lèvres des plus autorisées.

C'est ici qu'intervient un épisode curieux, qui marquera dans les annales parlementaires. Jamais pareil luxe de mise en scène officielle n'avait été déployé pour gagner les esprits et la confiance publique. M. Corta, de retour de son exploration mexicaine, arrive à propos, et s'élance à la tribune du

Corps législatif, le 10 avril 1865 : « Messieurs, s'écrie-t-il, honoré d'une mission du gouvernement au Mexique, je viens rendre témoignage de ce que j'ai vu, tel que je l'ai vu. (Très bien !) » Il serait difficile de suivre l'orateur à travers un discours qui eut les honneurs de deux séances, où toutes les richesses du sol et du sous-sol mexicain furent étalées aux yeux du pays attentif, et dont le lyrisme plaça le Mexique *parmi les nations, au point de vue agricole, commercial et industriel, les plus favorisées du globe.* Nous citerons, comme exemple, une assertion qui fut émise par le député qui avait vu ! M. Corta, voulant prouver que les recettes du Mexique s'équilibreront avec les dépenses du nouvel empire, évaluées à 150 millions de francs, énumère des calculs empruntés, dit-il, à un ancien ministre des finances du Mexique, Miguel Lerdo de Tejada (frère décédé du ministre actuel de Juarez, et dont il résulte que le seul revenu des douanes dépassera 100 millions de francs. Dans la séance suivante, M. Corta, à qui des explications sont demandées, déclare cette fois qu'il s'agit du *revenu brut* et non pas du *revenu net*, et que d'ailleurs il a cité Lerdo de Tejada, non pas le livre en main, mais d'après des notes qu'un Mexicain présent à Paris lui a communiquées.

Or, le livre auquel M. Corta faisait allusion est un rapport financier intitulé : *Mémoire présenté à S. Exc. le président-substitut* (Comonfort) *pour la marche à suivre par le ministère des finances pendant son administration*, par Miguel Lerdo de Tejada. —Mexico, 10 février 1857.

Voici la substance de ce volumineux rapport :

« Je puis assurer à Votre Excellence que les dépenses

annuelles doivent s'élever (la piastre estimée à 5 francs) à.................................... 105,000,000 f.

» Les recettes à...................... 60,000,000

» Le déficit à........................ 45,000,000

» Miguel Lerdo de Tejada expose comment le déficit pourrait être comblé par la vente des biens ecclésiastiques, et plus loin :

» En ce qui concerne, dit-il, les produits des douanes maritimes et terrestres, Votre Excellence peut voir par les Etats 176 et 177 quels furent les revenus et les dépenses de l'exercice 1855 et des dix premiers mois de 1856. »

» Or, les tableaux 176 et 177 sont intitulés : *Etat général des valeurs totales, appointements, frais d'administration et produits liquides fournis par les douanes maritimes et terrestres dans l'exercice couru du* 1er *janvier au* 31 *décembre* 1855. Ces tableaux se résument ainsi :

» On compte treize douanes maritimes et quatre douanes terrestres.

» Total brut de 1855 (la piastre calculée à 5 fr.) .... 43,301,465 fr.

» *A déduire :* Appointements et frais d'administration......................... 2,820,420

40,481,045

» *A déduire :* Non-valeurs pour droits non perçus............................. 3,513,055

» Reste, pour le *produit net* de 1855... 36,967,990

» Le produit net des mêmes douanes pour les six premiers mois de 1856 n'atteint pas 17 millions de francs. »

On appréciera par ces chiffres l'exactitude de M. Corta.

Enfin, après une préface brillante, où M. Corta a repoussé

toutes les objections et a montré le *Mexique avec sa vitalité, ses ressources financières, son gouvernement populaire et l'avenir que lui assurent une administration régulière et le temps, il indique* aux capitalistes français la route *déjà suivie par les capitaux étrangers et les émigrants qui ont le flair politique en se rendant à Mexico;* il parle de compagnies anglaises, de mines, de lignes de paquebots, de chemins de fer, de banques déjà concédées, et il découvre entre Vera-Cruz et Mexico des *chantiers qui vont réunir* 15,000 *ouvriers.* L'attention de l'auditoire redouble, et l'orateur termine par ces phrases impatiemment attendues et vivement accueillies : « *On peut demander à la France le sacrifice de son argent, mais le sacrifice de son honneur, jamais! Notre drapeau ne peut pas et ne doit pas se replier tant que les intérêts que la France soutient au Mexique ne seront pas garantis et sauvegardés.* »

Les émotions de cette séance ne sont pas épuisées. M. Ernest Picard, qui n'a pas vu le Mexique, reste incrédule. Alors apparaît M. Rouher. Son éloquence est plus passionnée, plus pressante encore que d'habitude; il confirme tous les *renseignements fournis par M. Corta, qui ont dû fixer la chambre de la manière la plus précise sur la puissance des ressources du Mexique.* Pour le ministre d'État, « *il n'y a pas de point noir à l'horizon.* » Il annonce « qu'on va exploiter, outre les mines d'or et d'argent, des mines de fer, de houille, des sources d'huile de pétrole récemment découvertes, » et, enfin, se retournant vers les bancs de l'opposition, il s'écrie, l'ironie sur les lèvres : « Vous vous préoccupez de l'emprunt à faire, n'ayez aucune inquiétude, l'emprunt est fait! *Au moment où je parle,* il est signé par les principales maisons de France et d'Angleterre. » La Chambre éclate en bravos. Pourtant, cette fois, M. Rouher s'était laissé entraîner trop loin par la chaleur de l'improvisation. Le contrat ne fut signé que le 20 avril, neuf jours plus tard. Enfin, le ministre d'Etat termine sa harangue, qui restera un des plus brillants morceaux de l'histoire du Mexique, par la phrase solennelle, déjà tombée de la bouche de M. Corta, sous une forme non moins heureuse : *Le but doit être atteint; la pacification doit être complète : l'armée française ne doit revenir sur nos rivages que son œuvre accomplie et triomphante des résistances qu'elle aura rencontrées* (vive approbation, bravos et applaudissements sur un grand nombre de bancs). Le Corps législatif venait de contresigner, sans le savoir, le contrat financier. La campagne de M. Fould était terminée triomphalement. L'amendement de l'opposition fut repoussé par 225 voix contre 16. Les banquiers, entraînés comme le public, confirmèrent, le 20 avril, le traité dont ils avaient suspendu la signature : déjà le packet du 15 avril emportait à Maximilien les nouvelles promesses de la France, dont les secours lui étaient plus que jamais nécessaires.

Par un cruel contraste, à la même heure où M. Corta faisait retentir le Palais législatif du récit merveilleux de son voyage au Mexique, et énumérait les richesses de l'empire de Maximilien, M. Bonnefons, l'inspecteur général des finances qui avait succédé à ce député dans sa mission, écrivait à M. Fould, ministre des finances, cette dépêche moins consolante, que nous avons déjà citée :

Inspection générale des finances. — Mission du Mexique.

Mexico, le 10 avril 1865.

A M. le Ministre des finances, à Paris,

. . . .

J'annoncais à V. E. que je comptais lui faire connaître prochainement la conclusion de l'affaire Jecker ; elle a eu lieu ce soir même. M. Jecker s'est décidé, pour éviter une faillite imminente, à accepter les conditions que lui offrait le gouvernement mexicain. Je les transcris textuellement ci-dessous :

1° Le capital de chaque bon Jecker subira une réduction de 60 0/0 ; ces bons ne jouiront d'aucun intérêt ;

2° Une somme de 1 million de piastres sera réservée pour l'amortissement de cette dette dans les conditions suivantes :

3° On ouvrira tous les quatre mois une enchère pour amortir les bons au plus offrant, en les admettant au plus pour leur valeur nominale de 40 0/0;

4° La maison Jecker s'engage à obtenir des autres possesseurs de bons leur acquiescement à cet arrangement.

On peut donc dire que l'affaire est réglée, et je considère cette solution comme un triomphe pour la politique de la France. *Reste à savoir si le gouvernement mexicain pourra remplir ses engagements avec les ressources bornées dont il dispose, en présence d'un déficit qui ne peut être inférieur à 50,000,000 fr., sans compter cette nouvelle charge qui pèsera sur ses finances.*

J'ai dit à V. E. que j'avais dû m'occuper de la créance Jecker, pour me conformer à la volonté de l'Empereur, aux désirs de M. de Montholon, aux instances de nos nationaux. J'ai constamment marché d'accord avec M. le ministre de France, qui tenait à vider cette question avant son départ pour Washington ; je savais d'ailleurs que notre gouvernement attachait le plus grand prix à ce que la réclamation Jecker ne fût pas comprise avec celle de nos nationaux, à ce qu'elle fût traitée comme une affaire mexicaine.

BONNEFONS.

Qu'allait devenir l'équilibre du budget mexicain prophétisé par MM. Corta et Rouher?

Cependant, l'écho des deux mémorables séances des 10 et 11 avril avait eu un long retentissement en France comme à l'étranger. La politique de la France s'était affirmée avec une hauteur dont allait s'émouvoir le cabinet de Washington.

Jamais emprunt ne s'était présenté dans des conditions de publicité aussi favorables, et cela grâce aux renseignements officiels et à cette garantie indirecte fournie par le ministre d'Etat à la face de l'Europe. La souscription publique fut inaugurée le 22 avril 1865 ; elle devait rester ouverte pendant cinq jours, du 22 au 26 avril. Trois jours suffirent pour placer les 500,000 obligations, et réaliser 170 millions de francs. Ce succès fabuleux, sans précédent, dépassait toute attente. L'affluence des petits souscripteurs dans les cours du Comptoir d'escompte rappelait les plus beaux jours de la confiance publique. Les maisons de banque associées à l'opération furent assaillies par leurs clients. En trois jours, 17 millions de bénéfice furent réalisés par le groupe financier. Dans ce placement de 500,000 titres, la part des agents financiers de l'Etat, receveurs généraux, receveurs particuliers et percepteurs, s'éleva environ à 116,000 fr.

Contrairement à toutes les probabilités, ce fut une affaire d'or pour la compagnie banquière, qui, grâce à l'engouement de l'opinion publique surexcitée par les discours des 10 et 11 avril, n'eut d'autres dépenses à faire, que les frais ordinaires et la sous-commission 1 0/0 à payer au Comptoir d'escompte sur ses placements. L'opération donna donc un bénéfice aussi rapide que considérable. La liquidation se fit sans retard entre les intéressés, et la compagnie, dont le rôle était terminé si inopinément, fut dissoute. Nous verrons tout à l'heure ce que l'Empire mexicain toucha sur cet emprunt réalisé.

VI

CONVERSION DES RENTES 6 0/0

A l'heure où s'organisait l'emprunt par obligations, dont nous avons vu le succès prodigieux, l'emprunt 6 0/0, d'origine Glyn-Pereire, était déjà dans le plus complet discrédit. Tombé au-dessous de 50 francs pour 6 francs de rente, il n'était même pas négociable à ce prix. Sans parler du public fortement atteint, cette dépréciation touchait aussi profondément le Trésor français, la Commission mexicaine et le Crédit mobilier. Cet établissement, qui avait supporté un rude coup, lors de l'émission du 6 0/0, avait peut-être besoin d'être dégagé par une combinaison fructueuse. L'Etat, resté détenteur de 6,600,000 francs de rentes en papier, dont une partie (1,200,000) appartenait aux indemnitaires français, était d'autant plus frappé, que la non-réalisation de cette valeur dérangeait l'équilibre du budget et laissait nos nationaux dans une situation pénible. De plus, le portefeuille de la Commission mexicaine contenait encore 2 millions de cette même rente 6 0/0 que MM. Glyn et Pereire étaient restés impuissants à placer dans le public. Maximilien éprouvait donc le désir de faire argent avec ce papier, non moins vivement que notre Trésor. M. Fould, qui n'était jamais à bout de combinaisons, avait prévu que, si le lancement des 500,000 obligations s'effectuait heureusement, il y aurait opportunité à profiter de l'engouement public et à unifier la dette mexicaine. Il avait donc inséré une clause dans le contrat du dernier emprunt, portant que les rentes perpétuelles de 1864 seraient converties en titres remboursables, et formeraient une seconde série de 500,000 obligations jouissant des mêmes droits et des mêmes chances qui avaient déterminé la réussite de la première série.

A cette même époque, M. Fould avait fondé de grandes espérances sur le concours probable des Mexicains. Connaissant le goût excessif de ce peuple pour le jeu et les loteries, il supposait que les obligations, patronnées par nos agents financiers au Mexique, trouveraient là un énorme débouché et soulageraient d'autant le marché français, dont le récent enthousiasme pour ces valeurs aurait été d'un exemple entraînant au delà des mers. Nous avons dit ailleurs que ces illusions furent singulièrement déçues; si mince était déjà la confiance dans le nouvel ordre de choses au Mexique, que pas une maison, pas un seul particulier ne céda à l'entraînement. Pour rendre hommage à la vérité, nous devons ajouter qu'un curé mexicain, tenté un instant, se présenta un jour chez le payeur général de l'armée pour souscrire, et qu'après plus mûre réflexion, il remporta son argent.

Toujours est-il que M. Fould, surpris lui-même par le triomphe de sa dernière opération, jugea l'heure venue d'opérer la conversion du 6 0/0.

L'émission de l'emprunt dit anglo-français consistait, on se le rappelle, en 741,905 livres sterling de rentes, soit, au change adopté de 25 fr. 20 c. pour la livre sterling, 18,696,000 fr. de rentes perpétuelles. La souscription publique s'était élevée péniblement, et grâce aux sacrifices de MM. Pereire, à 403,284 livres sterling, soit en valeurs françaises 10,162,756 fr. de rentes.

On avait attribué au gouvernement français, à valoir sur ses créances, 261,905 livres sterling, soit 6,600,000 fr. de rente, que l'on pouvait considérer comme placées, bien qu'elles ne fussent pas réalisées.

Il restait donc à la disposition de la Commission des finances mexicaines 76,716 liv. sterl. de rentes, soit 1,933,243 fr.

RÉSUMÉ DE L'EMPRUNT ANGLO-FRANÇAIS :

	ÉMISSION DES RENTES 6 0/0	
	Liv. sterl.	Francs.
Rentes souscrites et classées......	403,284	10,162,756
— livrées au gouvernement...	261,905	6,600,000
— non placées et conservées par la Commission du Mexique..	76,716	1,933,243
	741,905	18,695,999

En tenant compte de la dépréciation que subissait à cette époque le 6 0/0 mexicain, et en chiffrant la valeur des chances attribuées aux obligations (car les primes de remboursement, les lots, les amorces de ce genre ne sont jamais que des parcelles prélevées sur le revenu de chacun, pour augmenter la part de celui qui est favorisé par le sort), on estima que l'échange des titres pouvait se faire sur cette base :

3 livres sterling ou 75 fr. 60 de rente contre 2 obligations, donnant pour les deux 60 francs de revenu fixe, plus les bénéfices aléatoires, présents ou différés, résultant des lots, des primes de remboursement, de la capitalisation cinquantenaire, etc., etc.

A ce compte, 741,905 livres sterling, ou si l'on veut 18,695,999 francs de rente française, équivalaient à 494,603 1/3 obligations, et en ajoutant un appoint de 5,396 2/3 oblligations applicables aux frais, on arrivait juste au chiffre de 500,000 obligations, nombre conforme à celui de la première série.

En additionnant les 15 millions d'intérêts fixes, la somme de 3 millions distribués en primes et loteries, et enfin la réserve à capitaliser pour l'amortissement, on arrivait à une annuité à peu près égale à celle qui était affectée au payement de l'emprunt en rentes perpétuelles.

Toutefois l'équivalence était plus apparente que réelle ; car il résultait de l'opération un préjudice, soit pour le gouvernement mexicain, soit pour les possesseurs des obligations de la première série. En effet, la constitution de la seconde série exigeait, comme pour la première, un prélèvement de 1 0/0 sur le capital, soit 17 millions, destinés au second remboursement du titre après cinquante ans. La commission des finances mexicaines dut prendre ces 17 millions sur les fonds disponibles au moment de la conversion, c'est-à-dire sur ceux qui provenaient des versements de la première série : c'était une injustice. Ainsi donc le Trésor français, pressé par le besoin, opérait une conversion qui ne profitait qu'à lui seul, et dont faisaient les frais, soit le Mexique, pour lequel on semblait avoir fait l'emprunt, soit les créanciers français de la première série, dont on diminuait l'actif de 17 millions. En effet, si ces 17 millions n'avaient pas été prélevés au profit de la reconstitution du capital des obligations de la deuxième série, il serait resté dans la caisse mexicaine une somme égale, qui aurait été mise au service de Maximilien, à qui elle devait revenir, ou bien cette somme aurait servi à payer pendant une année de plus la rente des obligataires français de la première série.

Le gouvernement passa outre. La conversion du 6 0/0 mexicain fut résolue. L'opération était gratuite et facultative. Tout détenteur de 75 fr. 60 de rente recevait en échange et sans soulte aucune, deux obligations, qui étaient alors cotées à la Bourse à 330 fr. et au-dessus. Le public allait pouvoir négocier une valeur invendable.

Cette opération, achevée sur le papier et prête à être réalisée, subit pourtant un retard de plusieurs mois ; car elle était liée pour le Trésor français à une contre-opération négociée alors entre M. Fould et M. Pinard, qui n'avait pu encore aboutir et que nous allons développer tout à l'heure. Enfin, le 26 septembre 1865, aux termes d'une décision signée par M. de Germiny au nom de la Commission mexicaine, la conversion vit le jour et donna les résultats suivants :

Le Trésor se hâta de convertir les 6,600,000 fr. de rente dont il était détenteur en obligations nouvelles	171,031
Le public convertit volontairement 6,464,959 fr. de rente, contre..................................	56,540
La Commission des finances mexicaines convertit 1,933,243 fr. de rente contre 51,144 obligations, ce qui fit, avec l'appoint de 5,396, un total de....	56,540
Obligations (2ᵉ série)........................	402,174

Il résulte de cet aperçu que des titres de rentes, représentant la valeur d'environ 97,826 obligations, n'auraient pas été convertis et seraient restés dans les mains du public. Ce nombre a dû s'amoindrir par la suite.

Sur les obligations transmises par cette voie à la Commission des finances mexicaines, quelques-unes ont été réalisées en argent, mais comme on entrevoyait déjà à cette date que Maximilien ne serait pas en mesure de payer les indemnités qui avaient fourni le prétexte de la guerre, un reliquat de 47,120 obligations, fut mis en réserve pour être distribué ultérieurement, conformément aux arrangements pris à Mexico par M. Dano, en faveur des indemnitaires.

L'ensemble des opérations aboutissant à la conversion avait été confié cette fois encore au Comptoir d'escompte, à qui fut attribuée une commission pour ses soins et dépenses.

Nous arrivons ainsi au traité du 28 septembre 1865, passé entre M. Fould et le syndicat des banquiers. Quoique coïncidant avec la date et la mise en œuvre de la conversion, ce traité fut une affaire à part, c'est-à-dire l'opération liée dont nous venons de parler et que nous allons examiner dans son origine comme dans ses résultats. Ce fut le couronnement de la gestion financière provoquée par la régénération du Mexique.

VII.

VENTE DES OBLIGATIONS DU TRÉSOR AU SYNDICAT DES BANQUIERS

Dans la séance du 18 juin 1865, M. Rouher, luttant contre les étreintes de M. Thiers dans l'examen de la situation budgétaire, se voyait forcé à un aveu pénible. « L'année 1864 ne présentera qu'un déficit de 23 à 25 millions, je le reconnais, mais à une condition, c'est qu'on réalisera les rentes mexicaines..... Elles sont inscrites pour 40 millions au budget de 1864. » Le ministre d'Etat aurait pu, en outre, faire entrer en ligne 14 autres millions, complément de la somme attribuée en propre au gouvernement français, qui avaient été également inscrits en recette au budget de 1865. C'était donc une éventualité menaçante de 54 millions de déficit non prévu. Cette déclaration du gouvernement était explicite. Si la vente des rentes mexicaines (6,600,000 fr.) stérilisées dans le portefeuille ne pouvait s'opérer, les budgets de 1864 et 1865 avaient leur équilibre rompu. C'est sous la pression de cette exigence impérieuse que la conversion des rentes mexicaines avait été conçue. Comme on le voit, dans cette série d'opérations financières, la nécessité forçait la main au gouvernement, qui n'étaitplus maître de l'avenir.

Mais la difficulté n'était pas vaincue par la conversion. La création d'une nouvelle série de 500,000 obligations jetées sur le marché devait nécessairement provoquer une dépréciation égale à celle du 6 0/0, si les offres, supérieures aux demandes, venaient écraser les cours. Avant d'entamer cette nouvelle opération, M. Fould s'appliqua à constituer un nouveau syndicat financier, dont il réclama le concours pour faciliter l'écoulement des 174,603 obligations 2e série, que la conversion allait attribuer au Trésor, en échange de ses 6,600,000 fr. de 6 0/0. Seulement, la situation n'était plus la même en juin 1865 qu'en mars de la même année. Les événements avaient marché au Mexique. Les correspondances commerciales, apportées de ce pays, n'accusaient pas d'amélioration dans sa situation financière, et, tout en ignorant complétement la véritable portée des rapports politiques adressés par le quartier général français à son gouvernement, les grandes maisons de banque se souciaient peu d'entamer une campagne aussi grosse de responsabilité que celle qu'elles avaient risquée si heureusement dans l'émission des 500,000 obligations de la première série. L'achat ferme des 174,603 obligations du Trésor n'était pas, en effet, une affaire très séduisante pour les spéculateurs. Pendant la première quinzaine de juillet 1865, époque à laquelle M. Fould noua les premières négociations avec le syndicat des banquiers, l'obligation de la première série ne valait déjà plus que 310 fr. 58 c. cours moyen. Le ministre des finances ne voulant pas accuser devant le Corps législatif une perte trop forte, cherchait acquéreur pour les obligations (2e série) à 300 fr.

L'ancien prix d'émission avait été 340, il est vrai ; mais la dépréciation s'était déjà produite, et, à coup sûr, si le ministre des finances avait pu placer les obligations du Trésor à un prix supérieur par l'intermédiaire du parquet des agents de change, il eût été insensé ou coupable au premier chef de les offrir à 300 fr. De plus, il était à prévoir que la conversion, qui allait doubler le nombre des obligations, contribuerait peu à relever les cours. Ainsi, la vente ferme proposée par M. Fould ne pouvait être qu'une transaction où des capitalistes, initiés aux embarras du gouvernement, allaient consentir à user en sa faveur de tout leur crédit et de leur habileté près de leur nombreuse clientèle; le ministre, d'ailleurs, ne pouvait s'attendre à trouver des maisons complaisantes qui exposassent plus de 52 millions dans l'état des choses mexicaines si le vendeur, c'est-à-dire l'Etat, ne consentait à rester responsable des risques de malheur imprévus, indépendants de la volonté des acquéreurs. Le passé d'ailleurs avait dû servir de leçon; on avait dû souvent songer à la grandeur possible du désastre si la première émission d'obligations avait échoué. C'était un motif puissant pour ne pas commettre la même imprudence.

Aussi les négociations traînèrent-elles en longueur. M. Fould avait bien hâte, pour suffire aux exigences de son département, de réaliser le papier mexicain et d'annoncer au public la conversion; mais, comme on l'a vu, cette opération dépendait absolument du succès de ses propositions adressées au syndicat des banquiers, dont M. Pinard, cette fois encore, sans engager en rien le Comptoir d'escompte, était le représentant. Les pourparlers furent plusieurs fois abandonnés et repris. Enfin, ce ne fut qu'en septembre 1865 que les bases du contrat furent définitivement arrêtées dans un voyage que M. Pinard, chef du syndicat, fit à Biarritz. L'affaire fut discutée préalablement en conseil des ministres. Ce nouveau syndicat était beaucoup moins nombreux que le premier, quoique réunissant plusieurs des mêmes éléments. Les signatures entre M. Fould et le syndicat des banquiers ayant été échangées le 28 septembre 1865, la commission des finances mexicaines, par décision datée du 28, même jour, fixa l'ouverture de la conversion du 6 0/0 au 1er octobre.

Le traité signé entre M. Fould et M. Pinard, agissant en son nom personnel et comme mandataire de maisons de banque françaises et étrangères, a été rendu public : il était conçu en un seul article, pouvant se résumer ainsi :

« *Le Trésor public se trouvant détenteur de* 174,603 *obligations mexicaines, dont* 142,587 *appartenant à l'Etat et* 31,746 *à valoir sur les sommes à répartir entre les indemnitaires, M. Pinard achète la totalité de ces titres au prix net et ferme de* 300 *francs par obligation. La somme de* 52,381,000 *fr., prix de cette vente, sera payée à la volonté de l'acheteur, en douze ou dix-huit termes mensuels égaux, le premier échéant le* 7 *novembre* 1865. »

Le même jour, avant la signature du traité, les deux signataires échangeaient le double engagement qui suit : M. Pinard demande et le ministre des finances accorde : « *Qu'en cas de force majeure, c'est-à-dire si le gouvernement mexicain était renversé par une guerre ou par une révolution, le contrat serait résilié de plein droit, sans indemnité pour la partie restant à exécuter.* »

Bien que le ministre des finances et le représentant du syndicat eussent, chacun de leur côté, mandat pour traiter, ils éprouvèrent au moment décisif une hésitation bien naturelle. L'un et l'autre désirèrent auparavant consulter respectivement les parties dont ils tenaient leurs pouvoirs. Le document qui contenait la clause essentielle du contrat, quoiqu'il n'en dût être que l'annexe, fut soumis au gouvernement d'une part, et d'autre part au syndicat. Cette circonstance donna à cette lettre une date certaine, ce qui était important pour la moralité de la transaction. L'approbation, accordée des deux côtés, décida la signature du traité.

Cette condition *sine quâ non* était nette ; son acceptation seule pouvait entraîner la signature du contrat. Il est clair que si M. Fould eût refusé, la vente n'avait pas lieu. Le ministre avait pouvoir, comme M. Pinard, pour signer une convention avec clause résolutoire. Or, les conventions font loi entre les deux parties, et cette stipulation, qui a précédé la conclusion du traité, était impérieusement conseillée par la force des choses.

Il faut convenir qu'en septembre 1865, la situation était encore empirée au Mexique. Les Etats-Unis étaient déjà pressants sur la frontière du Rio-Bravo : c'était la guerre extérieure qui grondait au loin. Le parti de Juarez gagnait du terrain chaque jour ; c'était la révolution qui se rapprochait du trône. Il est vrai que la France, par l'organe de M. Rouher, dans la séance du 11 avril dernier, avait déclaré imprudemment : « le but doit être atteint, la pacification complète ; l'armée française ne doit revenir sur nos rivages que son œuvre accomplie, et triomphante des résistances qu'elle aura rencontrées. » Cette déclaration solennelle avait été ratifiée par le Corps législatif. C'eût donc été faire injure au gouvernement français que d'insérer au contrat du 28 septembre 1865 qu'il n'abandonnerait pas Maximilien à son malheureux sort, et que sa politique ne céderait pas à l'insurrection et au langage altier des Etats-Unis. Mais il n'est pas douteux que la clause résolutoire du contrat a eu pour véritable objectif l'écroulement du trône de Maximilien, quelle qu'en pût être la cause. Le syndicat des banquiers promet 52,381,000 fr. en échange de titres auxquels, d'après les déclarations officielles, il accorde une valeur réelle, et il est hors de doute que si le cabinet français avait déclaré, au moment du contrat, qu'il allait rappeler sous peu ses troupes, et ne plus fournir à Maximilien l'argent nécessaire à son salut, le syndicat n'aurait pas donne sa signature.

A ce propos encore, la dépêche de M. Bonnefons nous revient en mémoire, et nous nous demandons si la conduite de M. Fould, en cette circonstance, est exempte de tous reproches. Comment, M. Fould a reçu le 15 mai 1865 la lettre de l'inspecteur général M. Bonnefons, datée de Mexico du 10 avril précédent, qui lui annonce que le gouvernement mexicain sera hors d'état de remplir ses engagements, surchargés de la créance Jecker, en présence d'un déficit qui ne peut être inférieur à 50,000,000 de francs ! Le premier emprunt de 6 0/0 n'a rien fourni à l'empire pour lequel il a été contracté ; le second, comme nous le verrons, n'a versé qu'une goutte d'eau dans un océan, et voici un troisième appel fait aux capitaux français, uniquement afin de procurer, comme nous l'avons établi plus haut, 66 millions à notre gouvernement, impatient de réaliser de nouvelles ressources, à l'aide d'un papier qui peut être protesté ! Il est vrai que M. Fould ne veut pas rouvrir le livre de la dette publique française, qu'il doit satisfaire aux exigences du budget, qu'il a l'intention, souvent répétée depuis cette époque, de faire rembourser plus tard ces valeurs mexicaines par l'Etat, et qu'avant tout, il veut gagner du temps. Mais, le ministre oublie trop facilement quelle grave perturbation dans la fortune publique amènera le jour du désastre.

Ce désastre, pour un esprit aussi perspicace que celui de M. Fould, était facile à deviner : il lui suffisait d'aligner des chiffres et de consulter M. Bonnefons, qui avait vu clair dans la situation. On pouvait interroger les recettes du Mexique, quoique le *Moniteur* les représentât comme florissantes, parce que les douanes de Vera-Cruz, où venaient aborder toutes les marchandises achetées par le commerce en vue des besoins du corps expéditionnaire, avaient subi un accroissement momentané. Et les autres ports, que produisaient-ils ? Maximilien restait trop pauvre, même pour faire face à la solde de son armée. Les intérêts dus aux nations étrangères dévoraient presque le budget des recettes mexicaines. C'était donc aveuglément persister dans cette voie d'emprunts jetés sur le marché français, et comment le ministre aurait-il pu refuser une clause résolutoire au syndicat des banquiers, instruit de ces faits ?

Quant au motif qui a pu déterminer le gouvernement français à consigner la clause résolutoire dans une lettre à part, au lieu de l'inscrire ouvertement dans le traité même, il ne faut pas une grande perspicacité pour la découvrir. Le ministère annonçait sans cesse le succès de nos armes, de la politique impériale au Mexique. La pacification développait l'industrie et le commerce, disait-on du haut de la tribune. Convenait-il de laisser apparaître la possibilité du renversement de Maximilien dans un acte authentique, destiné à passer sous les yeux de Maximilien lui-même comme devant la commission du budget, et cela à l'heure où on demandait hommes et argent pour consolider la réussite de notre entreprise ? Un pareil aveu eût fait sensation. D'ailleurs, il faut le reconnaître, M. Fould resta dans la stricte légalité, car, en droit constitutionnel, tout ministre qui passe un traité avec un capitaliste, un fournisseur ou un entrepreneur, est libre, sous sa responsabilité personnelle toutefois, de casser ou de modifier un contrat qu'il a eu pleine liberté de faire. Il ne doit compte de sa résolution qu'à la commission du budget, et, à cet égard, M. Fould se mit en règle.

VIII

L'ADMINISTRATION FRANÇAISE AU MEXIQUE.

A la date où nous sommes parvenus, on saisit au sein du gouvernement, et particulièrement chez M. Fould, les traces d'une vive préoccupation. La veine des emprunts au profit du Mexique est épuisée, et on sent bien que tout nouvel appel au crédit serait infructueux. On vient de négocier les obligations appartenant au Trésor, et M. Fould est trop avisé pour ne pas sentir que la vente d'une valeur, francisée pour ainsi dire dans le portefeuille de l'Etat, répandue dans le public, avec le concours des agents de l'Etat, dont le produit va entrer dans les caisses de l'Etat, constitue une émission d'un caractère spécial, où la responsabilité de l'Etat est engagée dans une certaine mesure. Il n'est pas possible non plus qu'à cette même date on soit sans aucune inquiétude sur l'avenir réservé aux divers créanciers de l'empire mexicain. Tous ces malaises, tous ces périls se changent en triomphe, si le Mexique, fécondé, donne tout ce qu'on a promis en son nom. Il faut donc surveiller son développement, le hâter, mettre à son service les principes, l'expérience et le personnel de l'administration française. En un mot, on va traiter le Mexique comme une de ces colonies onéreuses dont la métropole décrète la prospérité d'urgence.

On ne s'était pas fait faute, dès l'origine, d'envoyer des agents français au Mexique; mais les cadres avaient été mal tracés, et les situations mal assises. On aurait voulu implanter dans notre conquête un personnel de choix assez bien rétribué pour qu'il s'attachât au pays. Ici, toutefois, apparaît un nouvel indice de cette étrange hallucination qui présentait le Mexique comme un Eldorado inépuisable. On veut féconder le pays dont la prospérité serait si importante pour nos propres finances. On va lui donner des leçons d'ordre et d'économie : on lui expédie des employés; mais on exige pour ceux-ci des appointements auxquels un pays « assez riche pour payer sa gloire » pourrait à peine suffire!

Que M. Fould eût songé d'abord à doter le Mexique d'un ministre des finances, il était dans son rôle. M. Bonnefons, fonctionnaire habile et plein de zèle, n'avait pas résisté à l'épreuve du climat : sa santé était épuisée. Pour le remplacer, M. Fould jeta les yeux sur M. Langlais, devant lequel il ouvrit une carrière splendide. A part un gros traitement, on voulait pour lui le titre de ministre des finances, et on l'envoyait à Mexico sans plus de façon que dans un département français. Voici la dépêche qui annonce son départ :

MINISTÈRE DES FINANCES.

Direction du mouvement général des fonds.

Paris, 13 juillet 1865.

J'ai appris avec un profond regret les raisons impérieuses de santé qui obligent M. Bonnefons à rentrer immédiatement en France.

Le gouvernement mexicain perd en lui un auxiliaire aussi zélé qu'intelligent.

Dans ces circonstances et sur le désir même de l'empereur Maximilien, le gouvernement a dû se préoccuper de trouver un haut fonctionnaire auquel pût être confié le portefeuille du ministère des finances du Mexique. Je suis heureux de pouvoir annoncer que M. Langlais, conseiller d'Etat, a consenti à se charger de cette mission..... Il y a lieu de croire qu'il quittera la France par le paquebot de Saint-Nazaire, le 15 août prochain. Il emmènera avec lui son fils et deux inspecteurs des finances.

Le gouvernement de l'Empereur a dû se préoccuper de la situation financière qui serait faite à M. Langlais ; il a été convenu qu'il lui serait alloué, soit à titre de traitement fixe, soit en frais de représentation, 100,000 fr. par année. En outre, si, à l'expiration de trois années de séjour au Mexique, M. Langlais désire revenir en France, il lui sera attribué par le gouvernement mexicain, une somme de 200,000 fr. comme témoignage des services rendus. J'informe, par ce courrier, S. M. l'empereur Maximilien de l'acceptation de M. Langlais et des engagements que j'ai été autorisé à prendre en son nom par l'empereur des Français.

En outre, je compte sur l'appui de votre influence pour faciliter la mission de M. Langlais. La tâche de réorganiser les finances du Mexique est pleine de difficultés, mais vous saurez en apprécier *toute l'importance au point de vue des intérêts de la politique française dans ce pays.*

Le ministre des finances,

ACHILLE FOULD.

La dernière phrase est remarquable : en procédant à la réorganisation du Mexique, on a *surtout en vue les intérêts de la politique française.* N'est-il pas étrange qu'on demande à un pays ruiné le prix d'un service qu'on se rend à soi-même, aux conditions suivantes :

100,000 fr., pendant trois ans...........	300,000 fr.
Pour témoignage des services rendus......	200,000
A reporter	500,000 fr.

Report	500,000 fr.
Et, comme on le verra dans la dépêche suivante, 50,000 fr. pour l'aller, autant pour le retour de M. Langlais, soit.................	100,000
Total..........	600,000 fr.

La sollicitude de M. Fould ne s'arrête pas là. Il prévoit les cas de maladie et les velléités de retour.

MINISTÈRE DES FINANCES.

Cabinet du ministre.

Paris, 28 juillet 1865.

Monsieur le Maréchal et cher collègue,

En vous informant par ma lettre du 13 juillet courant de l'acceptation du portefeuille des finances du Mexique par M. Langlais, conseiller d'Etat, j'annonçais à Votre Excellence qu'il quitterait la France par le paquebot du 15 août. Mais les intérêts personnels qu'il doit régler ici et dont il est facile d'apprécier l'importance, l'obligent à différer un peu son départ. Il ne s'embarquera que sur le paquebot du 15 septembre prochain.

Je dois maintenant entretenir Votre Excellence de quelques détails relatifs à la situation qui sera faite à M. Langlais. Il avait été entendu qu'il obtiendrait des avantages analogues à ceux d'un ministre des finances en France. Mais l'absence d'hôtels attribués aux différents ministres à Mexico me paraît modifier ces conditions en lui imposant des frais d'installation plus considérables qu'on ne le supposait. Cette circonstance m'a conduit, avec l'agrément de l'Empereur Napoléon, à élever à 50,000 fr. l'indemnité de départ qui avait été primitivement fixée à 25,000 fr. Je ferai compter cette somme à M. Langlais, et le gouvernement mexicain en opérera le remboursement *au moyen d'une traite sur la commission des finances.*

Un second point assez délicat a été également mieux précisé entre M. Langlais et moi. Le nouveau ministre des finances du

Mexique a droit à une indemnité de 200,000 fr. après trois ans de séjour dans ce pays. Il m'a paru juste que, si des raisons de santé ou d'autres motifs d'un caractère tout à fait impérieux obligeaient M. Langlais à rentrer en France avant cette époque, il reçût une part de cette indemnité, proportionnelle à la durée de ses services. Je ne veux pas insister sur ces prévisions, mais je suis convaincu que l'Empereur Maximilien ratifiera les engagements que j'ai pris à cet égard au nom de Sa Majesté.

Je prie Votre Excellence de vouloir bien porter ces détails à la connaissance de l'Empereur Maximilien. . . . .

Le ministre des finances,

ACHILLE FOULD.

Maximilien voulait bien payer; il avait la main large et facile; mais il lui déplaisait qu'un ministre des finances qui n'était pas de son choix lui fût ainsi expédié de France. On trouve la trace de son mécontentement dans cet extrait d'une dépêche adressée au principal représentant de la puissance française au Mexique.

Eaux-Bonnes, 14 septembre 1865.

Monsieur le Maréchal et cher collègue,

. . . .

L'Empereur Maximilien acquiert en M. Langlais un serviteur d'un grand mérite qui aurait pu être dignement ministre dans son pays, et quelque élevée que soit la position qui l'attend au Mexique, je considère qu'il fait, en l'acceptant, un acte de dévouement. . . . . .

Lorsque nous avons été informé des hésitations qu'avait éprouvées l'Empereur Maximilien, l'Empereur Napoléon, consulté, voulut que M. Langlais ignorât cette circonstance, qui aurait pu ébranler sa résolution ou affaiblir sa foi dans le succès; nous l'avons donc tenue secrète, et vous jugerez, comme nous, qu'il est bon qu'elle ne soit pas connue de M. Langlais. L'Empereur Napoléon a d'ailleurs écrit à S. M. l'Empereur du Mexique.

ACHILLE FOULD.

A peine M. Langlais fut-il arrivé auprès de l'Empereur Maximilien qu'il trouva partout d'étranges résistances. Le titre de ministre des finances ne lui fut pas reconnu ; avant même son débarquement, pendant qu'il tenait encore la mer, Maximilien s'était empressé de le nommer ministre sans portefeuille et de signer un décret dont le texte seul donnera une idée des singulières attributions et du rôle qui lui étaient réservés. On avait défini le trône du Mexique : « Un lit de roses dans une mine d'or. » La mine d'or, M. Langlais pouvait l'espérer : mais le lit de roses, il ne l'y trouva pas !

DÉCRET.

Maximilien, empereur du Mexique.

Désirant donner à M. Langlais, conseiller d'Etat, une preuve de notre haute considération, et utiliser ses profondes connaissances administratives et financières pour le bien et l'organisation complète et définitive des différents départements ministériels de notre gouvernement, nous soumettrons à son examen, pour les juger et les contrôler, les différents projets de loi élaborés par nos ministres ou proposés par notre conseil d'Etat; projets dont l'importance nous paraîtra mériter de nouvelles recherches, *organisation financière, importations et exportations, banques, crédits mobiliers et immobiliers, organisation judiciaire, révision du code, etc. — Organisation administrative préfectorale, municipale, etc.— Traités internationaux, traités de commerce, conventions postales, concordats, etc. — Conventions relatives aux réclamations d'indemnités, etc.*

M. Langlais, ayant une position analogue à celle de ministre sans portefeuille, pourra assister, *quand l'Empereur en donnera l'ordre*, aux conseils des ministres, pour discuter et émettre son opinion sur toutes les questions que nous soumettrons à son examen.

Monsieur Langlais jouira des honoraires et des émoluments qui ont été arrêtés entre le gouvernement français et le nôtre avant son départ de la France

Donné à Mexico, le 30 septembre 1865.

MAXIMILIEN

Au ministre des finances, il fallait une légion d'auxiliaires non moins coûteux. Quelques jours après le départ d'Europe de M. Langlais, M. Dano, notre ministre, signait une convention avec le gouvernement mexicain, s'inspirant du même esprit, et qui peut donner une idée des charges dont on grevait un trésor qu'on savait déjà incapable de payer ses propres fonctionnaires. Ce document a une double portée : car il démontre également que la France exerçait la haute main sur toute l'organisation mexicaine comme sur celle d'un de ses propres établissements situés au delà des mers. La part de responsabilité finale qui va incomber au cabinet français peut-elle se révéler plus éclatante ?

CONVENTION[1].

Le gouvernement mexicain et le gouvernement français, désirant régulariser la position des agents français placés à la disposition de S. M. l'Empereur Maximilien, les suivantes conventions diplomatiques ont été arrêtées entre Don Francisco de P. César, sous-secrétaire du Trésor et du Crédit public, et Son Excellence Don Alphonse Dano, envoyé extraordinaire et ministre plénipotentiaire de France à Mexico, tous deux régulièrement autorisés par leurs gouvernements respectifs :

Article premier. — Les agents de l'administration de l'Empire français qui sont ou peuvent être placés à la disposition du gouvernement de S. M. l'empereur Maximilien seront nommés aux

[1] Traduite de l'anglais et prise dans les documents soumis au Congrès américain.

emplois et grades auxquels le ministre sous la direction duquel ils sont placés les jugera les plus utiles.

Art. 2. — Le gouvernement de Sa Majesté se réserve le droit de déterminer le nombre et les conditions des agents français dont il peut avoir besoin dans les ministères publics.

Art. 3. — Ces susdits agents auront droit à un salaire équivalant à celui qu'ils recevaient en France, et à une compensation quotidienne aux taux suivants : 3 piastres [1] par jour à ceux qui reçoivent des salaires fixes de 1,500 fr. par an. — 4 piastres à ceux qui ont de 1,600 à 2,400 fr. — 5 piastres à ceux qui gagnent de 2,400 à 5,000 fr. — 6 piastres à ceux qui ont de 5,100 fr. à 8,000 fr., et ainsi de suite, en augmentant d'une piastre par jour pour chaque salaire fixe de 2,000 fr. Mais les agents français employés antérieurement au 1er janvier 1865 continueront à recevoir les salaires et avantages qu'ils avaient avant cette date.

Art. 4. — Le salaire officiel mexicain est considéré comme composé du salaire européen et de la compensation mentionnée dans l'article 3. Le payement particulier du salaire ordinaire est pris sur le Trésor mexicain, ainsi que le contingent des dépenses mentionnées dans les articles 8, 10 et 12.

Art. 5. — Quelle que soit la position que les agents français puissent avoir à Mexico, ils continueront à appartenir à leurs précédentes administrations. Ils auront droit à des avancements gradués, selon les règlements du service auxquels ils appartiennent. Dans le cas où un agent serait augmenté en France, il entrera immédiatement en jouissance des émoluments correspondant à son nouveau rang à Mexico, selon l'article 3 de la présente convention.

Art. 6. — Le privilége ou l'emploi accordé à un agent français par le gouvernement mexicain ne lui donnera aucun droit de mérite en France.

Art. 7. — Pour avoir droit à une pension, la durée du service à Mexico sera augmentée de 50 0/0 de sa durée effective.

Art. 8. — Les agents français envoyés à Mexico recevront seulement leur salaire européen à partir de l'époque où ils auront quitté le service en France jusqu'à leur arrivée à Mexico ; mais ils recevront pour leurs dépenses de voyage une somme égale à la moitié d'une année d'appointements en Europe, et en tous cas, cette somme ne sera pas moindre de 1,000 fr. La moitié de cette

[1] La piastre équivalait à 5 fr. 20 cent.

somme leur sera payée avant de s'embarquer et l'autre moitié à leur arrivée à Mexico. Le gouvernement payera aussi leurs dépenses de voyage depuis le lieu d'embarquement jusqu'à leur lieu de résidence au Mexique. Le gouvernement mexicain se réserve la manière de récompenser les services des agents français, soit en augmentant leurs salaires, soit par des distinctions honorifiques, selon qu'il lui semblera le plus convenable. . . . .

. . . .

Mexico, 29 septembre 1865.

CÉSAR. — ALPHONSE DANO.

Revêtu des sceaux de la légation de France, et du Mexique.

Il nous a paru nécessaire de suspendre l'historique des emprunts mexicains, pour signaler une phase assez curieuse de la politique française ; celle où notre gouvernement, se sentant enlacé par toutes sortes de responsabilités, fait effort pour hâter l'éclosion de l'opulence mexicaine, en la faisant couver par une administration française. C'est une sorte de parenthèse qu'il fallait ouvrir au milieu de notre récit : nous la fermons pour reprendre l'analyse des faits financiers.

IX

EXÉCUTION DU CONTRAT DU 28 SEPTEMBRE 1865 PAR LE SYNDICAT DES BANQUIERS

Par le traité du 28 septembre 1865, le syndicat des banquiers s'était donc fait acquéreur des 174,603 obligations du trésor (2e série), au prix de 300 fr. par obligation. La conversion avait été ouverte le 1er octobre, dans les bureaux du Comptoir d'escompte, servant d'intermédiaires. La moyenne des cours, pendant le mois d'octobre, s'éleva à

320 fr. Si ces prix se maintenaient, tous frais déduits, l'écart du prix d'achat au prix de vente était rémunérateur : c'était environ 10 ou 12 fr. de bénéfice. Mais les banquiers savaient que les fonds mexicains allaient provoquer des résistances à la Bourse, et que l'affluence des titres apportés par les porteurs de rentes 6 0/0, empressés de rentrer dans leur capital, exigerait de véritables sacrifices pour ne pas laisser écraser le marché. L'opération n'était pas très séduisante, et, même forts de la réserve stipulée en cas de force majeure, ils ne l'eussent pas tentée sans doute si le ministre ne les avait pas entretenus dans cette conviction que le gouvernement impérial était engagé d'honneur à ne pas laisser dépérir les obligations mexicaines, et qu'il interviendrait forcément, en cas de catastrophe à réparer.

Le ministère, d'ailleurs, qui avait porté en recettes les 66 millions dans ses budgets, n'était pas moins intéressé au succès de la négociation du syndicat que le syndicat lui-même : car c'eût été, en cas d'échec, un insuccès financier, et surtout politique. A ce point de vue, le placement de valeurs entrepris par le groupe des banquiers avait toute la portée d'une émission faite directement pour le compte de l'Etat, Aussi en avait-il tout le caractère. La Bourse était un champ trop restreint.

Le gouvernement fit appel direct à ses quatre-vingt-neuf receveurs généraux, à ses cent quatre-vingt-deux receveurs particuliers et à la masse de ses percepteurs, comme dans un emprunt d'Etat. Le concours de ces fonctionnaires, passif hier, devint actif. Le comité des receveurs généraux lança des circulaires à ses collègues et invita son nombreux personnel à placer des obligations provenant de la conversion. « Les titres que vous serez chargés de vendre, était-il dit aux receveurs généraux, vous seront livrés *timbrés*, ce qui leur donne un avantage de 5 francs sur ceux cotés à la Bourse. Il vous sera alloué une commission de 1/2 0/0 sur le prix effectif, que vous partagerez avec les receveurs particuliers et les percepteurs quand vous aurez eu recours à leur intermédiaire. En outre, à la fin de l'opération, il sera alloué une indemnité de 1/2 0/0 sur le montant effectif des obligations placées par l'intermédiaire des receveurs généraux. » Et, dans une autre circulaire, on trouve : « Vous remarquerez que, comparée aux droits ordinaires de courtage prélevés par les agents de change, la commission allouée ne laisse pas que d'être assez élevée. » Cette concurrence officielle est faite pour surprendre; et ce qui nous étonne le plus au milieu de toutes ces combinaisons inaugurées par le gouvernement, c'est le texte d'une note adressée par le Comptoir d'escompte aux receveurs généraux et ainsi conçue :

Note pour M. le receveur général.

Pour éviter toute chance de perte dans le transport des titres et des coupons du 2e emprunt mexicain par la poste, les envoi de la recette générale pourront, *comme précédemment*, être adressés par paquet chargé et être renfermés dans deux enveloppes dont l'une intérieure, à l'adresse du Comptoir d'escompte de Paris, et *l'autre extérieure, à l'adresse du mouvement général des fonds.*

Qu'a dû penser l'administration des postes de cette manière de procéder?

Pour faciliter l'intervention du personnel financier de l'Etat, on envoya dans tous les centres ruraux de grandes affiches, qui furent placardées à la porte des percepteurs souvent dans les mairies

L'émission des nouveaux titres avait été commencée le 1er octobre 1865 ; elles se poursuivit pendant les trois derniers mois de l'année. Le syndicat, fidèle à ses engagements, faisait compter au ministère des finances les termes échus. Le Trésor ne remettait en échange que le nombre d'obligations correspondant au payement effectué, et les numéros des titres remis étaient soigneusement notés de part et d'autre. Mais le syndicat avouera-t-il les pertes qu'il subissait ? Chaque jour, il était contraint de faire sur la place de Paris de coûteux efforts pour soutenir les cours des obligations. Pendant ce temps, les porteurs d'obligations provenant de la conversion (deuxième série) profitaient de ces sacrifices du syndicat pour écouler leurs titres, et il arriva plusieurs fois que l'association des banquiers acheta sur le marché de Paris un nombre d'obligations égal à celui qui avait été placé en province.

A la fin de 1865, l'horizon mexicain s'était bien assombri. Les Etats-Unis devenaient de plus en plus menaçants, et l'armée mexicaine se débandait, faute de solde. Toutes ces nouvelles avaient de l'écho dans l'opinion publique, qui s'alarmait sans connaître exactement la vérité, tenue secrète par le gouvernement. Les agents financiers de l'Etat, qui étaient parvenus à placer environ 30,000 titres, avaient épuisé les désirs de leur clientèle : c'était une entreprise avortée. En désespoir de cause, le syndicat, fort de l'autorisation et de la solidarité morale du ministre des finances, essaya un autre procédé. On fit appel aux petites bourses, et on ouvrit une nouvelle souscription, au prix de 345 francs (y compris le timbre) payable en sept versements, échelonnés de mois en mois jusqu'en juillet 1866, avec droit de participation au tirage qui devait s'effectuer le lendemain, 2 janvier 1866. L'opération échoua complétement. Le prestige du Mexique et de ses richesses fabuleuses s'était évanoui.

L'opinion publique, cette fois, ne s'égarait pas. Les rapports de M. Langlais à son gouvernement avaient montré la situation mexicaine sous son véritable jour. Des résolutions graves avaient été prises dans le sein du cabinet français. Nous avons raconté ailleurs les désastres qui accablaient la monarchie encore au berceau. Le *veto* des Etats-Unis, prononcé contre notre établissement européen, avait eu un grand retentissement au palais des Tuileries, qui annonçait sa volonté, en date du 6 janvier 1866 : « Malgré les plaintes de Maximilien, nous ne voulons plus donner un soldat. » Exactement le même jour, Maximilien, mû par un pressentiment sinistre, traçait ces lignes pleines d'angoisses : « Je sais que j'ai accepté une tâche singulièrement difficile ; mais mon courage est capable d'en supporter le fardeau, et j'irai jusqu'au bout. » C'était le prélude de l'agonie : les caisses du Mexique étaient totalement vides, sans espérance aucune de nouvelles ressources. L'ordre allait être expédié au général en chef de ne plus consentir aucune avance à Mexico. Le jour où pareille résolution avait été arrêtée, en connaissance de cause, par notre gouvernement, le cas de force majeure s'était réalisé. La chute de Maximilien allait s'accomplir dans une révolution plus ou moins courte, mais elle était commencée. Le syndicat des banquiers, à ne consulter que l'équité et la bonne foi, était relevé de ses engagements. Le ministre des finances n'avait plus le droit d'accepter un seul payement de ses mains ; car il n'avait plus l'excuse des illusions. On savait la vérité, quel avenir se préparait, et, en remettant de nouvelles obligations en circulation, on livrait au syndicat, et par contre-coup aux malheureux souscripteurs, qui conservaient une foi aveugle dans les déclarations de leur gouvernement, un papier qui n'avait plus de valeur : on grossissait le désastre qui devait frapper les souscripteurs. De quelle façon les tribunaux apprécieraient-ils la conduite d'un simple particulier auquel pareil acte serait reproché ?

Le syndicat, malgré les pertes subies, avait déjà payé en janvier 1866 trois douzièmes, s'élevant à plus de 13 millions, et avait pris livraison de plus de 43,000 obligations. Le mandataire du syndicat réclama alors, pour rendre moins lourdes des échéances que les rentrées n'allégeaient pas, la faculté qu'il s'était réservée de distribuer les payements en dix-huit termes au lieu de douze. Sa lettre, en date du 9 janvier, obtint gain de cause. L'excédant payé dans les trois derniers mois de 1865 fut reporté, du consentement de M. Fould, sur les prochaines échéances.

Le syndicat des banquiers, les événements l'ont prouvé, fut donc la victime des entraînements de cette politique inaugurée par notre gouvernement. Les événements du Mexique étaient déjà désastreux, et, du côté du pouvoir, on s'efforçait encore de ramener l'opinion fort inquiète.

L'Empereur, dans le discours prononcé le 23 janvier 1866, pour l'ouverture de la session, annonça le rappel du corps expéditionnaire, mais « *en promettant que les intérêts français engagés au Mexique ne seraient pas compromis.* » Le monde parlementaire se préparait à une discussion solennelle, à une véritable enquête sur le Mexique, et le monde financier attendait avec anxiété la lumière qui devait en jaillir. La vérité resta dans l'ombre. M. Rouher vint déclarer que les documents nécessaires n'étaient pas encore arrivés, et obtint facilement de la majorité le renvoi de la discussion à l'examen du budget rectificatif, c'est-à-dire au mois de juin suivant. Nous le demandons, le gouvernement n'avait-il pas alors en main toutes les pièces nécessaires au débat ? Est-ce que chaque courrier de quinzaine n'apportait pas du quartier général la situation exacte des affaires politiques, des opérations militaires et des finances? M. Langlais lui-même était-il resté muet?

Cet ajournement fut fatal au syndicat comme aux souscripteurs; car, si les documents que nous avons évoqués récemment, si les dépêches de M. Drouyn de Lhuys des 14 et 15 janvier 1866, annonçant que la France abandonnait une partie trop périlleuse, si la mission du baron Saillard, si les instructions adressées au maréchal Bazaine avaient été livrées à la publicité, à coup sûr, les banquiers auraient demandé et auraient été autorisés à résilier un marché infirmé par l'évidence du cas de force majeure.

M. Rouher, pour excuser ses réticences, invoquera des nécessités politiques, le salut de l'empire mexicain, des négociations entamées avec les Etats-Unis qui n'avaient aucune chance d'aboutir, la crainte d'une banqueroute foudroyante. La catastrophe était écrite : mieux valait une heure de franchise complète en 1866, qui eût sauvé la situation politique à l'intérieur en sauvegardant le prestige du pouvoir, et eût prévenu le deuil de Queretaro. Maximilien n'eût pas végété, se rattachant sans cesse à un débris d'expérience nouvelle, ruiné le lendemain. La série des sacrifices pécuniaires poursuivie par la France eût été tranchée dans le vif, et le marché français ne se fût pas inondé de titres discrédités; toutes causes de regrets et de mécontentements qui pèsent fatalement aujourd'hui sur les destinées de notre pays!

Quoi qu'il en soit, établissons bien nettement le montant des sommes qui sont entrées dans la caisse du Trésor, grâce à cette négociation du syndicat! Ce point aura son importance au bilan que nous allons dresser en terminant cette étude.

Dans le cours de six mois, une somme de 17,464,600 fr. fut versée contre 58,215 obligations, savoir : 14,287,600 fr., prix de 47,625 obligations appartenant à l'Etat, et 3,077,000 fr., prix de 10,590 obligations appartenant aux indemnitaires. En voici, d'autre part, le tableau détaillé.

Sommes payées au Trésor par le syndicat pour livraisons d'obligations mexicaines (2e *série*).

DATE DES PAYEMENTS	SOMMES versées	DATE DES LIVRAISONS	NOMBRE d'obligations livrées	OBSERVATIONS
1865		**1865**		
9 novembre....	4.369.300	1er décembre...	14.564	
9 décembre....	4.364.700	9 — ...	14.079	
23 décembre....	4.364.700	22 — ...	14.500	
		30 — ...	1/3	
1866		**1866**		
11 janvier.......	82.800	10 janvier.......	276	
7 mars.........	1.373.400	7 mars.........	4.500	
9 avril.........	2.909.700	10 avril.........	9.496	
		29 octobre......	800	Complément des livraisons précédentes non effectuées par appoint.
Total....	17.464.600	Total....	58.215 1/3	

Un fait assez curieux à noter dans le tableau qui précède, c'est que les derniers payements ont été faits par le syndicat le 9 avril 1866, et que la dernière livraison de titres n'a été faite par le Trésor que le 29 octobre suivant, époque où on balança définitivement le compte. Cette négligence, rare en matière de finances, à faire rentrer une valeur de 240,000 francs qu'ils avaient payée, indique assez à quel point les banquiers étaient désabusés sur la valeur de ces titres.

Le syndicat n'était pas le seul d'ailleurs à s'effrayer de l'avenir mexicain et cela non sans raison. La vérité commençait à percer, malgré le brouillard officiel des hautes régions. Il devenait trop évident que Maximilien, privé de nos ressources financières et militaires, était voué à une perte prochaine, et qu'il devait entraîner dans sa ruine tous ceux qui s'étaient attachés à sa fortune. Tel était le sort promis aux souscripteurs d'obligations. On savait en outre que, malgré les brillants comptes rendus du *Moniteur* sur les arrivages de lingots à Saint-Nazaire, aucune conduite d'argent n'avait été adressée au gouvernement français par Maximilien : on n'ignorait pas non plus que des délégations de toute nature, ordonnancées de Mexico, avaient été soldées sur le capital des emprunts conservé à Paris par la Commission mexicaine, et que M. de Germiny ne devait plus compter dans les caisses de cet établissement qu'une vingtaine de millions, qui pourraient servir à payer le prochain coupon (octobre 1866) pour une dernière fois encore.

Le spectre de la banqueroute mexicaine annoncé par les Etats-Unis, avait traversé les mers sur un bâtiment américain et avait fait son apparition à nos frontières. Cette apparition n'était pas mensongère. Car, le 30 avril 1866, il y avait eu conseil au palais impérial de Chapultepec. Le général en chef, M. Dano et M. de Maintenant, inspecteur des finances, délégué par la France et successeur de M. Langlais, y avaient été convoqués. L'Empereur Maximilien était entouré de tous les ministres de la couronne. La scène était pleine de tristesse. Le président du Conseil, après avoir déclaré que les soldats manquaient de pain, réclamait hautement de notre Trésor un prêt mensuel de cinq millions, que la France lui refusait. Alors, l'Empereur, se jetant dans la discussion, s'écria[1] :

« En faisant abstraction de tous les détails, la question peut se résumer en peu de paroles : la banqueroute du Trésor ou l'espoir de le sauver. Si les personnages qui représentent la France dans cette réunion ne veulent pas prendre la responsabilité d'avoir dépensé quelques millions, ils prendront celle d'avoir laissé venir la banqueroute ! »

Et pendant ce temps, le gouvernement français faisait encore argent du papier mexicain et acceptait du syndicat des banquiers des millions que celui-ci versait, pour rester fidèle à sa signature ! Mais, il faut le reconnaître à la louange des capitalistes français, si le groupe financier faisait honneur à ses engagements (il avait déjà déboursé 17 millions et demi, sans avoir opéré aucun recouvrement, puisqu'il avait racheté plus d'obligations qu'il n'en avait écoulé), il s'émut du rôle que les événements allaient lui faire jouer. Le 7 mai 1866, il y eut une réunion de tous les associés du traité de septembre 1865 : il fut décidé que toute émission et placement de titres seraient arrêtés. Le syndicat déclara qu'il ne pouvait lui convenir de servir d'instrument pour répandre dans le public des valeurs devenues suspectes. En effet, à partir de ce jour, le portefeuille du syndicat resta fermé et détenteur de 60,000 obligations (2e série) environ, somme de titres supérieure à celle qu'il avait reçue du Trésor. La perte sèche s'éleva pour le syndicat à 17 millions et demi (et aux intérêts de cette somme) versés entre les mains du Trésor.

Après cette décision prise, le syndicat réclama, le 9 mai 1866, de l'équité du ministre un ajournement aux versements

[1] *L'élévation et la chute de Maximilien.*

mensuels, dans l'espérance que la situation pourrait redevenir meilleure. Le syndicat eût été plus sage en dénonçant son traité sans délai et en invoquant définitivement le bénéfice de la clause résolutoire. A-t-il craint, c'est probable, en faisant constater le cas de force majeure, de proclamer le premier l'insolvabilité de Maximilien et de jeter un trouble foudroyant sur la place de Paris? A-t-il pris en considération la situation difficile du cabinet français devant le blâme de l'opposition? Nous sommes tenté de le croire. Persuadés, d'ailleurs, d'après les assurances répétées de M. Fould, que le gouvernement comptait réparer ses erreurs financières, les banquiers se contentèrent de solliciter un temps d'arrêt dans l'exécution du contrat au lieu d'en réclamer la rupture.

Cette demande d'ajournement, qui est devenue un ajournement effectif, puisqu'à partir de cette époque aucun autre payement n'a été effectué par les acquéreurs et qu'aucune autre livraison d'obligations n'a été faite par le Trésor, resta sans réponse du ministre pendant plus de deux mois. Le dilemme, en effet, était embarrassant pour le ministre : ou il fallait condamner les acquéreurs à prendre et à continuer de placer dans le public les titres dont la non-valeur était évidente, ce qui eût été inique et immoral, et il faut rendre cette justice à la mémoire de M. Fould qu'il n'en eut jamais l'intention ; ou bien, en reconnaissant le cas de force majeure, le ministre portait un coup funeste à la politique impériale, et cela à la veille des débats qui allaient s'engager sur le Mexique au sein du Corps législatif. Il préféra garder le silence.

Ce ne fut que le 16 juillet 1866, et après la session, que M. Fould, en réponse à la lettre du 9 mai précédent, de M. Pinard, mandataire du syndicat, invita les banquiers à acquitter les trois termes échus non payés. Cette proposition était étrange de la part d'un ministre qui avait assisté aux conseils de la couronne, où s'était décidé l'avenir de la monarchie mexicaine. Le syndicat résolut cette fois de brûler ses vaisseaux, et répondit au ministre une lettre posant nettement le cas de force majeure qui entraînait la résiliation du traité. Le silence du gouvernement fut sa seule réponse.

On connaît les derniers événements : le coupon d'octobre 1866, à la grande stupéfaction des souscripteurs, ne fut pas payé par la commission mexicaine. Nous verrons tout à l'heure ce qu'étaient devenus les fonds destinés à cette échéance. Depuis cette époque, les obligations mexicaines se sont affaissées au cours actuel de 112 fr., et le 6 0/0 non converti est tombé à 11. Quant au syndicat des banquiers, le silence du gouvernement, la cessation des payements et des remises de titres pendant plus d'une année, l'adhésion implicite des commissions budgétaires équivalaient dans sa pensée à la reconnaissance du cas de force majeure. Toutefois, dans la vague attente d'une liquidation générale des affaires mexicaines, il ne régularisa pas sa situation, et il laissa la question assoupie jusqu'à ce qu'elle fût réveillée vers la fin de la dernière session devant les Chambres, dans un débat solennel, qui eut lieu le 23 juillet et qui sort de notre cadre.

Il importe toutefois, pour compléter cet historique, d'ajouter que le gouvernement, appelé à se prononcer sur la validité de ce traité, déclara d'une manière formelle, le 21 juin 1867, par l'organe du ministre d'Etat, que le gouvernement ne se considérait pas comme créancier. M. Rouher s'exprima ainsi sur cette grave question, qui touche de près à l'intérêt public :

La question de savoir s'il y avait réellement force majeure a été examinée avec le plus grand soin par le gouvernement.

Il a examiné la lettre du contrat. Les circonstances et les causes politiques qui l'avaient déterminé à retirer ses troupes et à fixer officiellement et solennellement l'époque de ce retrait, et, d'autre part, les événements qui s'accomplissaient au Mexique l'ont déterminé à penser qu'il n'était pas possible d'exiger des souscripteurs du contrat du 25 septembre 1865 l'exécution de leurs engagements, parce qu'ils étaient en face d'un fait qui avait les proportions d'une véritable force majeure, et qui se traduisait par le discrédit complet des valeurs aliénées en septembre 1865.

Dans la séance du 23 juillet, le même ministre renouvela sa première déclaration.

Nous étions en présence de cette double difficulté que je signale sans la discuter : d'une part, imposer au syndicat Pinard et Ce l'exécution de son contrat ; de l'autre, et en même temps, faire face aux réclamations incessantes des porteurs de titres mexicains qui venaient dire au gouvernement : « Vous nous devez une indemnité ! » Et, pendant que nous examinions ces réclamations qu'a réservées l'honorable M. Berryer, ainsi que le gouvernement, nous aurions forcé le syndicat Pinard à prendre ces obligations, à en recevoir la livraison, à les rejeter sur la place, à payer les sommes dont il est encore détenteur ? Non, il y avait là une rigueur contradictoire et impossible.

En fin de compte, à la suite des débats intervenus sur cette question, le gouvernement s'est trouvé mis en demeure d'agir judiciairement contre le syndicat. C'est une situation qu'il n'a certainement pas désirée. L'embarras est d'autant plus grand pour lui que, par une bizarrerie de nos mœurs administratives, le gouvernement est juge en premier ressort et en appel, dans toutes les questions où il est partie, même dans ces questions d'argent, où il conviendrait à tous égards de s'en rapporter à la conscience d'un tiers. Ainsi, dans l'espèce, le gouvernement qui a fait déclarer à deux reprises par son ministre d'Etat qu'il ne considérait pas le syndicat comme son débiteur, va faire prononcer par le gouvernement, représenté par le ministre des finances, si le syndicat doit ou ne doit pas 28 millions au Trésor.

Si le ministre tranche la question affirmativement, ce qui semble difficile après les déclarations du ministre d'Etat, M. Pinard aura la ressource de faire appel auprès du gouvernement, incarné dans le conseil d'Etat, et alors le conseil d'Etat aura à décider si le cas de force majeure prévu par le traité de septembre existait dans le cours de l'année 1866, alors que le jeune empereur, abandonné de la France, condamné par les Etats-Unis, débordé par le soulèvement national, en deux mots, insolvable et désespéré, rédigeait tristement son acte d'abdication, ou bien si l'empire mexicain n'a été renversé qu'en juin 1867, le matin où Maximilien est tombé sous les balles des juaristes sur le *cerro* de la *Campana*.

X

DÉPENSES ET RECETTES : SITUATION DES DIVERS INTÉRESSÉS.

Après avoir retracé l'origine et les diverses phases des opérations financières qui se sont déroulées à Paris et à Mexico, il nous reste à en constater les dernières conséquences. Pour être complet, pour bien établir les droits et les charges de chacun, il faut mettre en lumière :

1° L'état des recettes provenant de tous les emprunts mexicains, et des dépenses auxquelles ils ont servi ;

2° Le classement actuel de tous les titres émis au nom du Mexique;

3° Le tableau récapitulatif des sommes prélevées et encaissées par le Trésor français, sur le produit des emprunts mexicains;

4° L'actif à ce jour des indemnitaires ;

5° Le bilan comparatif de la dette mexicaine avant et depuis l'élévation au trône de Maximilien.

A l'aide de ces cinq situations, le jour se fera dans toutes ces combinaisons confuses, et permettra aux intéressés de s'éclairer sur leurs droits réciproques.

RECETTES

effectuées par la commission des finances mexicaines sous la direction de M. de Germiny.

	Recettes.
Produit brut de l'emprunt 1864 (rentes 6 0/0 : déduction faite des bonifications pour versements anticipés)............	102.588.597[1]
Produit brut de l'emprunt 1865 (500.000 obligations, 1re série, déduction faite des bonifications pour versements anticipés)............	168.816.624
Produit d'une émission supplémentaire, faite par la commission des finances mexicaines, des obligations formant le reliquat de la conversion...	2.547.300
Intérêts de fonds placés provisoirement.........	1.336.736
Total des recettes brutes..........	275.289.257
A reporter......	275.289.257

[1] Nous avons déjà vu le *produit net* de cet emprunt (déduction des frais, courtage et commission, etc.) ne s'élever qu'à 95,750,637 fr. 43 c.

Report..........	275.289.257
A quoi il convient d'ajouter :	
1° Produit des prélèvements réalisés au Mexique, en vertu du traité du 30 juillet 1866, sur le produit des douanes mexicaines................	588.000
2° Sommes reçues du syndicat Pinard pour la portion exécutée du traité du 28 septembre 1865.	
—..........................Trésor......	14.287.600
—..........................Indemnitaires	3.177.000
Total......................	293.341.857

De ce total des sommes encaissées il suffit de retrancher la somme de 588,000 fr. venue du Mexique, pour avoir le total de ce que l'entreprise mexicaine coûte aux capitalistes français, sans compter la part des contribuables ; c'est-à-dire 293,753,857 fr.

Il est à remarquer, en outre, que l'empire mexicain, malgré des assertions répétées, qui voulaient faire croire à son état florissant, n'a jamais expédié au profit du Trésor français de conduites d'argent. Les Anglais seuls ont profité d'un envoi que nous avons déjà constaté, s'élevant à 3,283,516 fr.

DÉPENSES.

Emploi des fonds recueillis par la commission des finances mexicaines à Paris.

1864. Don gratuit à Maximilien pour liquider sa situation personnelle	8,000,000 fr.
Sommes payées en vertu d'un décret de Miramar aux anciens créanciers anglais, pour leur assurer le payement de cinq semestres de l'ancienne dette (déduction faite d'un peu plus de trois mil. envoyés de Mexico).....................	23,653,780
A reporter.......	31,653,780

Report		31,653,780
Prélèvements sur le capital des emprunts pour assurer le payement des intérêts; savoir :		
Emprunt anglo-français de 1846 (jouissance d'avril 1864 à avril 1866)	28,954,182 fr.	59,402,971
Obligations de 1865 (deux semestres, avec amortissements, primes et lots)	20,597,139	
Obligations provenant de la conversion (arrérages, amortissements et lots)	9,851,650	
Achats de rentes françaises 3 0/0, destinées à constituer les fonds du second remboursement après cinquante ans pour les deux séries d'obligations		34,050,169
Commissions de banque, frais administratifs et autres, savoir :		
Commission de l'emprunt Glyn-Pereire	4,343,311 fr.	28,567,837
Bénéfice de banque pour l'achat à prix ferme des obligations de 1re série : 10 0/0	17,000,000	
Pertes sur opérations de bourse [1]	2,234,595	
Dépenses spéciales de la conversion : frais administratifs à Paris, frais des agents départementaux; timbre des obligations, etc	4,989,931	
Fonds remis au gouvernement français :		
1° Indemnité de 25 millions, allouée par le traité de Miramar (du 1er juillet 1864 au 31 décembre 1865), soit	37,500,000	75,285,072
2° Recouvrements sur dépenses de guerre et autres au profit de l'empire mexicain	37,785,072	
A reporter		228,959,829

[1] Ces pertes se rapportent sans doute à l'opération Glyn-Pereire.

Report.........	228,959,829
Fonds remis à l'Empereur Maximilien par la commission de Paris et sur son ordre.........	46,771,946
Total...........	275,731,775

RÉSUMÉ.

Recettes provenant des emprunts............	275,289,258
— du prélèvement sur la douane de Vera-Cruz..........................	588,000
Total...........	275,877,258
Dépenses soldées par la commission des finances mexicaines.......................	275,731,775
Balance définitive (en caisse)....	145,483

C'est sur le seul fonds laissé à Paris à la disposition de l'empire mexicain qu'a été tirée, sous la signature de Maximilien, la traite de 12,660,000 francs payée à Paris par la commission des finances mexicaines, au profit de M. Jecker, de sorte qu'il serait resté à Maximilien, pour les besoins de son empire, une somme totale d'environ 34 millions, sur les 293 millions demandés pour lui à la France. Et encore, nous ignorons entre les mains de qui et pour quels besoins ces 34 millions ont été payés par délégations sur Paris.

CLASSEMENT

des rentes et obligations mexicaines.

Il nous a paru curieux de rechercher en quelles mains se trouvent aujourd'hui les valeurs mexicaines émises par la France depuis 1864, et voici le résultat de nos investigations, qu'on peut considérer comme aussi exact que tous les chiffres émis par nous dans cet aride travail, et dont la finance de Mexico possède le secret.

Il a été créé un million d'obligations mexicaines, en deux séries, de 500,000 obligations chacune :

			Nombre d'obligations.	Classement des obligations.
			—	—
			1,000,000	
	Lesquelles sont ainsi classées :			
Obligations de 1re et 2e série.	Dans les mains du public.........			737,011
	Appartenant au public, en rentes 6 0/0 non encore converties (3,267,356 francs de rente) qui équivalent à obligations....................			86,438
	Obligations appartenant au Trésor, dont le syndicat des banquiers n'a pas pris livraison..............			95,232
	Obligations, réservées pour les indemnitaires sur la première allocation de 12 millions de francs; reliquat dont le syndicat n'a pas pris livraison.........	21,156		68,276
	Seconde allocation aux indemnitaires, en vertu du règlement fait à Mexico par M. Dano..........	47,120		
				986,957
	A ce compte, le complément, soit 13,043 obligations, doit être représenté comme suit :			
	1° Titres remboursés en vertu des tirages au sort, et remplacés par des bons remboursables une seconde fois, au bout de cinquante ans environ............			4,200
	A reporter.......		1,000,000	991,157

Report...........	1,000,000	991,157
2° Titres considérés comme nuls, par défaut de versements ou autres causes, et dont le nombre devrait être, pour compléter le million émis, de.........		8,843
Nombre d'obligations : Balance....	1,000,000	1,000,000

Pour les rentes non converties, les obligations qui les représentent sont conservées à la caisse des finances mexicaines, et seront restituées aux ayants droit, quand ils en feront la réclamation.

Parmi les obligations restées pour compte du Trésor, ou conservées par l'Etat au profit des indemnitaires, un certain nombre d'entre elles a été favorisé par le sort, et a été, on va le voir, remboursé avec lots et primes.

En examinant le relevé qui suit, on reste facilement convaincu que les emprunts mexicains ont servi surtout aux besoins du Trésor français.

TABLEAU RÉCAPITULATIF
DES SOMMES PRÉLEVÉES ET ENCAISSÉES PAR LE TRÉSOR FRANÇAIS, SUR LE PRODUIT DES EMPRUNTS MEXICAINS

	Sommes prélevées et encaissées sur le produit des emprunts mexicains.
Annuité de 25 millions touchée en vertu du traité de Miramar (trois semestres)...........	37,500,000 fr.
Recouvrements sur les dépenses de guerre, sous forme de délégation sur les fonds disponibles de la caisse des finances mexicaines..............	37,785,071
A reporter.........................	75,285,071

Report..............................	75,283,071
Trois semestres de la rente 6 0/0 créée au profit du Trésor français..........................	8,100,009
Réalisation partielle, provenant de la vente faite au syndicat Pinard des obligations provenant de la rente convertie, savoir....................	14,668,000
Total des sommes touchées directement par le Trésor....................................	98,053,080 fr.

A ces sommes que le Trésor s'est appliquées lui-même sur les fonds provenant des emprunts qu'il a *facilités*, il convient d'ajouter d'autres sommes dont il est détenteur, mais qui sont la propriété des indemnitaires ou des obligataires.

	Sommes dont l'Eta est détenteur.
1° Sommes provenant de la vente partielle au syndicat Pinard des obligations attribuées aux indemnitaires (remboursement compris).........	3,327,000 fr.
2° Intérêts encaissés par l'Etat sur titres des indemnitaires..................................	1,800,000
3° Représentation de la rente de 1,609,565 fr. 3 0/0 constituée pour reformer le capital en cinquante ans. Avec les intérêts cumulés jusqu'à ce jour approximativement........................	39,000,000
Reliquat en caisse de la commission des finances mexicaines à ajouter :..................	145,493
Sommes touchées directement et employées à Mexico, en dehors de la comptabilité de Paris, mais imputables évidemment sur l'ensemble du passif mexicain............................	4,081,818
	48,354,311

En résumé :

Sommes touchées directement par le Trésor français	98,053,080
Sommes dont le Trésor français est dépositaire.	48,354,311
Total général	146,407,391

N'est-il pas encore responsable, au moins moralement :

De la gratification de 8 millions qu'il a fallu donner à Maximilien avant la signature du traité de Miramar ?

Des 23,653,780 fr. qu'il a fallu donner aux anciens créanciers anglais, pour qu'ils ne rendissent pas impossibles, par leur opposition, les emprunts indispensables ?

Des 12,600,000 fr., payés à Paris, à valoir sur la créance Jecker, somme qui n'a pu être obtenue qu'à la faveur des réclamations énergiques et persistantes des agents français ?

Enfin, des sommes énormes employées en commissions, courtages, opérations de bourse, sacrifices sans lesquels les emprunts auraient été irréalisables ?

COMPTE DE L'INDEMNITÉ.

Les indemnités qui ont été la cause apparente de la guerre ont été évaluées à 60 millions de francs (non compris la créance Jecker) : le compte officiel produit plus tard s'élevait à 63,970,830 francs.

Aux termes du traité de Miramar, le ministre des finances s'est reconnu détenteur, au profit des prétendants à l'indemnité, d'une somme effective de 12 millions de francs, représentée par des rentes 6 0/0 de l'emprunt anglo-français.

On a vu comment ces rentes, converties en 31,746 obligations, ont été comprises dans la négociation du 28 septembre 1865, et comment cette transaction s'est trouvée infirmée par les désastres qui ont fait surgir un cas de force majeure. Dans la situation actuelle du litige, 10,590 obligations seulement ayant été vendues, au prix de 300 fr., l'Etat est détenteur d'une somme de 3,177,000 fr.

A cette somme doit être ajouté : 1° l'intérêt des rentes attribuées aux indemnitaires depuis la livraison des titres, jusqu'au jour où ces rentes ont été converties dans l'espoir d'une réalisation ; 2° le contingent de 202 obligations qui, ayant été favorisées par le sort, doivent être considérées comme remboursées à 500 fr., plus quelques primes.

En second lieu, on a mis en réserve, en vue des indemnités à fournir, le reliquat des obligations que la conversion du 6 0/0 mexicain a laissées dans les mains de la commission des finances mexicaines de Paris. Ces titres, au nombre de 47,120 (aujourd'hui réduits à 46,918 par l'effet des 202 amortissements), ont été attribués aux indemnitaires, au prix de 340 fr., en vertu de la convention signée à Mexico, par M. Dano, le 27 septembre 1865.

En résumé, la provision des indemnitaires se décompose ainsi en ce moment :

ESPÈCES.

Fonds déposés au Trésor....................	3,197,000 fr.
Intérêts encaissés par l'Etat au jour de la conversion..................................	1,800,000
Remboursement de 202 obligations...........	120,000
Total..........................	5,117,000

TITRES.

Obligations en litige..........................	21,156
— réservées aux termes du traité du 27 septembre 1865..........................	46,918
Total des titres....	68,074

A cette heure, une nouvelle commission, qui fonctionne à Paris, est appelée à réviser en dernier ressort les prétentions des indemnitaires. Sa loyauté nous est garante qu'elle ne reconnaîtra que la validité des demandes qu'elle aura pu constater, d'après l'étude sévère des dossiers qui sont nécessaires à son examen, et nous avons tout lieu de penser que, de cette révision, il ressortira clairement que les protestations du président Juarez, repoussant l'ultimatum du ministre de France, qui exigeait 60 millions en faveur de nos nationaux lésés, étaient en grande partie fondées.

BILAN COMPARATIF DE LA DETTE MEXICAINE AVANT ET DEPUIS L'ÉLÉVATION AU TRÔNE DE MAXIMILIEN

Nous avons extrait des documents diplomatiques distribués en 1866, au congrès de Washington, le tableau suivant, et nous en avons contrôlé tous les chiffres avec ceux du budget réellement sanctionné à Mexico par Maximilien, en l'année 1866. Nous y avons relevé deux erreurs que nous signalons, et qui exagéraient les dépenses prévues de l'Empire mexicain; il est vrai de dire que ces dernières ont été dépassées, mais non pas dans des proportions telles que les évaluations américaines puissent être admises comme exactes.

RÉGIME RÉPUBLICAIN

Dette étrangère reconnue par le gouvernement constitutionnel de 1862

CAPITAL

Dette anglaise comprenant l'ancienne dette consolidée en 3 0/0, la convention du 6 0/0, les arrérages en retard et diverses réclamations privées..................	346,558,285 fr.
Dette espagnole : Dette reconnue, intérêts en retard et réclamations diverses..............	47,304,930
Dette française comprenant le solde de l'ancienne convention, la créance Jecker suivant le calcul mexicain, et réclamations diverses.......	14,299,585
Récapitulation du capital de la dette étrangère.	408,162,800

INTÉRÊTS ANNUELS DE LA DETTE EXTÉRIEURE

Créances anglaises..........................	11,522,995 fr.
Espagnoles......................	1,419,140
Françaises......................	857,975
Annuités à payer pour les intérêts de la dette étrangère................................	13,800,110

BUDGET RÉPUBLICAIN

Intérêts de la dette extérieure..............	13,800,110 fr.
Dépenses d'administration et d'armée........	41,637,090
Total du budget des dépenses...............	55,437,200

La dette intérieure avait été liquidée en grande partie au moyen des réalisations des biens ecclésiastiques autorisées par le congrès.

RÉGIME IMPÉRIAL.

Dette étrangère reconnue par l'empereur Maximilien

CAPITAL

Dette contractée envers la France pour les dépenses militaires de l'expédition jusqu'au 1er juillet 1864 (traité de Miramar), déduction faite des 54 millions livrés alors en titres de rente 6 0/0..............................	214,000,000 fr.
Emprunts divers contractés en France et représentant en définitive un million d'obligations au capital nominal de 500 fr. [1]...............	500,000,000
Capital nominal de la nouvelle dette française.	714,000,000

La dette anglaise reste la même que précédemment, sauf les intérêts en retard, qui ont été capitalisés ou payés partiellement.

La dette espagnole reste sans changement; mais les intérêts sont différés.

INTÉRÊTS ANNUELS DE LA NOUVELLE DETTE FRANÇAISE

Intérêts de la dette pour dépenses de guerre jusqu'au 1er juillet 1864 à 3 0/0.............	6,420,000 fr.
Intérêts d'un million d'obligations à 30 francs.	30,000,000
Lots et primes de remboursements des obligations....................................	6,000,000
Total...	42,420,000

[1] Le document américain porte à tort les emprunts français à 764 millions: il fait double emploi du 6 0/0 et des obligations.

RÉCAPITULATION DE LA NOUVELLE DETTE EXTÉRIEURE

France	42,420,000 fr.
Angleterre	11,522,995
Espagne	1,419,140
Annuités à payer pour les intérêts de la dette extérieure	55,362,135

BUDGET IMPÉRIALISTE

Intérêts de la dette extérieure	55,362,135 fr.
Liste civile (allocation personnelle de Maximilien, dépenses de la garde palatine, de la maison militaire et du palais impérial)	19,162,500
Recouvrement annuel de 25 millions à valoir sur les créances militaires de la France (traité de Miramar)	25,000,000
Dépenses administratives et militaires à l'intérieur (sommes allouées)[1]	76,335,895
Total du budget des dépenses sous Maximilien	175,860,530

[1] Le document distribué au Congrès américain portait ces dépenses à 131,104,340 fr

COMPARAISON ENTRE LES DEUX RÉGIMES.

Capital de la dette extérieure.

République	Empire.	Augmentation sous l'Empire
408,162,800 fr.	1,007,893,215	599,730,415 fr.

Intérêts de la dette extérieure.

13,800,110	55,362,135	41,526,025

Budget des dépenses annuelles.

55,437,200	175,860,520	120,423,320

Traitement du chef de l'Etat.

Somme allouée personnellement à l'Empereur et payée par fraction chaque matin, jusqu'à la crise de février 1866......................	7,500,000
Traitement du président Juarez...........	150,000

Circulaire du Comité des receveurs généraux résidant à Paris aux receveurs généraux des départements.

Paris, le 16 octobre 1865.

Monsieur et cher collègue,

Vous savez que les porteurs des rentes de l'emprunt mexicain 6 0/0 sont autorisés à les échanger à votro caisse contre des obligations de 500 francs semblables à celles qui ont été émises cette année avec votre concours... Cette opération de conversion a pour conséquence de laisser entre les mains du Comptoir d'escompte un certain nombre d'obligations qu'il a prises à sa charge, dont il compte effectuer le placement avec le concours des comptables du Trésor. Nous avons été par suite autorisé à nous adresser à vous pour arriver à la prompte réalisation de ces valeurs, et nous vous demandons de prendre immédiatement toutes les mesures nécessaires pour le placement de ces obligations dans votre clientèle.

Il vous sera alloué une commission de un demi pour cent sur le placement intégral de chaque obligation placée. Vous remaquerez à ce sujet que, *comparée aux droits ordinaires de courtage prélevés par les agents de change, la commission allouée ne laisse pas d'être assez élevée*. Il est bien entendu que vous partagerez cette commission avec *les receveurs particuliers*, toutes les fois que l'intermédiaire de ces comptables aura été employé. *Il sera, en outre, attribué plus tard une indemnité représentant encore un demi pour cent au moins sur le montant des obligations placées.*

Vous êtes *autorisé* à employer l'intermédiaire *des percepteurs*, partout où vous le jugerez utile. Le Comptoir d'escompte *leur accordera, d'accord avec nous, une rémunération sur* la production d'une liste nominative, indiquant *le nombre des titres placés par leurs soins...*

Nous vous prions de correspondre comme d'usage, *sous le couvert du mouvement des fonds*, pour tout ce qui a trait à la conversion du 6 0/0 et au placement des obligations dont nous vous entretenons....

Vous connaissez parfaitement, monsieur et cher collègue, *le mobile qui nous fait agir auprès de vous et l'intérêt qui s'attache au succès de cette opération.*

XI

Nous sommes arrivé au terme de cette longue étude financière, et nous en avons esquissé les principaux traits. Le temps des récriminations est passé ; l'heure de la réparation est venue. L'intérêt public, comme le prestige de notre gouvernement, dont chacun doit être jaloux, commandent une liquidation qui replace loyalement les choses dans leur ordre véritable. Le gouvernement français a fait une campagne malheureuse dont la créance Jecker a été, dès l'origine, le moteur indirect, mais principal. Les grands corps de l'Etat n'ont pas cru devoir l'arrêter sur cette route périlleuse, où on a rencontré un véritable gouffre. La guerre et la marine ont absorbé des ressources qui dépassaient les recettes, et on a dû faire appel au crédit. Entraînée par des illusions dans l'engrenage d'événements plus forts que sa volonté, la politique impériale a dû, à la confiance qu'elle inspirait dans nos villes et nos campagnes, de trouver plusieurs centaines de millions qui étaient nécessaires à ses vues. En un mot, elle a contracté un emprunt indirect ; aujourd'hui, ne doit-elle pas faire acte de justice en rendant à cet emprunt sa véritable forme ?

La liquidation sera coûteuse, n'en doutons pas ; mais l'expérience chèrement acquise dans cette campagne financière, nous épargnera, nous l'espérons, de nouvelles erreurs ; en tout cas, elle nous inspire déjà un regret violent, celui d'être intervenu, surtout pour des questions d'argent, dans un pays dont nous avons grevé le budget et épuisé toutes les ressources pour de longues années. Et, nous le demandons, y a-t-il une nation qui accepterait volontiers une pareille gestion de ses intérêts pécuniaires ? Les traces profondes qu'aura laissées notre passage au Mexique sont faites pour dégoûter à jamais les faibles de la tutelle des forts. Quant à la France, nous souhaitons que cette dure leçon, qui lui a été infligée par les événements, lui ouvre les yeux sur les dangers de l'abus du crédit, surtout au profit de l'étranger. Ses sources de richesses sont grandes, mais non pas intarissables, et où en trouvera-t-elle un emploi plus salutaire que chez elle-même? C'est donc pour elle un devoir impérieux d'entreprendre une réaction contre ces tendances aux entreprises lointaines et glorieuses dont le but est aussi incertain que peu limité. Et, d'ailleurs, au milieu du malaise que le discours de la couronne vient de signaler dans notre pays, en présence de l'accroissement de la dette publique qu'un contrôle plus énergique, qu'une représentation plus émancipée du pouvoir personnel peut seule réprimer, n'oublions pas, ce que la guerre du Mexique nous a révélé clairement, les conséquences ruineuses d'une agression contre l'indépendance d'un peuple.

Novembre 1867.

TABLE DES MATIÈRES

DU MÊME AUTEUR

L'ÉLÉVATION ET LA CHUTE DE MAXIMILIEN

Prix : 7 fr.

SOUS PRESSE :

LA

CONTRE-GUÉRILLA FRANÇAISE AU MEXIQUE

GUERRE DES TERRES CHAUDES

Prix : 3 fr.

PARIS. — IMP. DE DUBUISSON ET Ce, RUE COQ-HÉRON, 5

www.ingramcontent.com/pod-product-compliance
Ingram Content Group UK Ltd.
Pitfield, Milton Keynes, MK11 3LW, UK
UKHW020334230726
13925UKWH00002B/798

9 782013 587075